Brita Schönwälder

Reitkurs für Kinder

**Ein Weg zum kleinen Hufeisen
für Kinder zwischen 3 und 10 Jahren
unter besonderer Berücksichtigung
moderner Kinderpädagogik**

Die Deutsche Bibliothek – CIP-Einheitsaufnahme

Brita Schönwälder

Reitkurs für Kinder: Ein Weg zum kleinen Hufeisen für Kinder
zwischen 3 und 10 Jahren unter besonderer Berücksichtigung
moderner Kinderpädagogik / Brita Schönwälder. –
München ; Wien ; Zürich : BLV, 2000
  (BLV Pferdepraxis)
  ISBN 3-405-15512-6

Bildnachweis
Hugo M. Czerny: Seiten: 4, 6, 9, 11, 12, 21 rechts, 25, 26, 63, 64, 78, 93, 102, 103
Brita Schönwälder: Seiten: 4, 5, 16-19, 48, 52-61, 68, 71, 79, 84, 85, 90, 99,
100, 105, 106, 108. 109
Foto Dill: Seiten: 4, 8, 10, 20, 21 links, 22, 23, 24, 27, 28, 29, 32-47, 49, 51, 95

Alle Aufnahmen im Teil Reitkurs 1 entstanden im Gestüt Frankenhof, Sonnefeld, Ofr.

Illustrationen S. 110/111: Kerstin Diacont

Umschlagfoto: Werner Ernst
Umschlaggestaltung: Werbeagentur Joko Sander, München
Layout und Satz: Kerstin Diacont
Herstellung: Manfred Sinicki

BLV Verlagsgesellschaft mbH München Wien Zürich
80797 München

© 2000 BLV Verlagsgesellschaft mbH, München

Gesamtherstellung: Neue Stalling, Oldenburg
Lithos: Lanarepro, Lana (Südtirol)
Gedruckt auf chlorfrei gebleichtem Papier

Printed in Germany · ISBN 3-405-15512-6

PFERDEPRAXIS

Brita Schönwälder

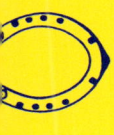

BLV

Reitkurs für Kinder

Ein Weg zum kleinen Hufeisen für Kinder zwischen

3 und 10 Jahren unter besonderer Berücksichtigung

moderner Kinderpädagogik

Reitkurs für Kinder

Einleitung

Seit über zehn Jahren verbringe ich als Turnierrichterin mehrere Wochenenden eines Jahres auf ländlichen Turnieren. Dabei gilt schon immer mein besonderes Interesse den reitenden Kindern. Ich beobachte, wie sie mit ihren Pferden umgehen, wie Eltern und wohlmeinende Freunde oder auch Reitlehrer ihnen noch letzte „Tipps" für die kommende Prüfung mitgeben.

Der kleine Junge hält dem Pferd einen Eimer mit Futter hin. Ein Blick auf den Gesichtsausdruck der beiden zeigt, jeder ist ganz auf seine Tätigkeit konzentriert, die unterschiedlich und doch miteinander verknüpft sind.

Ich sehe sie dann mit todernstem Gesicht ihre Aufgabe erfüllen und nicht selten in Tränen ausbrechen, wenn es zu einer Platzierung nicht reichte. Als Sportlehrerin ist mein Blick besonders geschärft für verkrampfte Haltungen, die notgedrungen entstehen, wenn die Kinder in die Schablone eines vorgegebenen Sitzschemas unabhängig von individueller Körperbildung gepresst werden. Springt eines der Pferde während der Prüfung entweder aus Ungehorsam oder auch aus Schreck kurz zur Seite, ist es mit dem „schönen Sitz" häufig sehr schnell vorbei, und die hilflosen Reaktionen beweisen, dass Anpassung an die Bewegung des Pferdes und Gleichgewicht eher einem gefährlichen Drahtseilakt ähneln und nur wenig von dem erkennen lassen, was Kinder den Erwachsenen eigentlich voraushaben sollten, nämlich körperliche Elastizität.

Seit einigen Jahren erfreuen sich die Führzügelklassen zunehmender Beliebtheit. Bereits Kinder im Alter von vier bis zehn Jahren sind in Begleitung einer erwachsenen Person, die das Pony zur Sicherheit an einem Führstrick hält, für diese Prüfung zugelassen. Mit mehr oder weniger Bewegungsgeschick, was natürlich auch altersabhängig ist, sitzen diese Kinder wie kleine Erwachsene auf ihrem Pony. Sie strengen sich an, das zu zeigen, was mit guten Bewertungsnoten honoriert wird: Absätze tief, eine Linie von Arm über Hand und Zügel bis zum Pferdemaul, Zügelhand geschlossen usw. So wurde zu Hause geübt. So wird es allgemein gelehrt. Die Stufe, das Pferd zunächst einmal in undogmatischer, spielerischer Weise in seinen vielen Facetten kennen zu lernen, es in den vielen Bereichen der Kontakt- und Umgangsmöglichkeiten zu erfahren, wird häufig übersprungen, weil diese Art der Reitlehre nicht in den programmatischen Unterrichtsstil gehört. Das ist ein nicht zu unterschätzendes Versäumnis, denn Losgelassenheit basiert auch auf Vertrauen und Vertrautheit.

Damit keine Missverständnisse entstehen: Es ist unbestritten, dass jeder, der auf einem Pferd sitzt und in Anbetracht der sehr unterschiedlichen Grundgangarten auch oben sitzen bleiben möchte, ohne dem Pferd Schmerzen zuzufügen, sich diese Fähigkeiten im Verlauf eines länger dauernden Prozesses erst erwerben muss. Dazu gehört als ein Ausbildungsziel der Erwerb eines korrekten Sitzes mit den bekannten, äußerlich erkennbaren Merkmalen. Aber Gleichgewicht und Balance beim Sitzen auf dem Pferderücken sollten in jedem Lernstadium Priorität vor äußerer Form haben. Kinder müssen in einer anderen Weise dahin geführt werden als Erwachsene.

Inzwischen sind durchaus Zweifel darüber angebracht, ob das Lernen dieser Fähigkeiten sich in der Vermittlung von Techniken erschöpfen muss, wie es im gängigen Reitunterricht fast ausnahmslos praktiziert wird. In unserer technisierten Gesellschaft bleibt immer weniger Raum für naturnahe Erfahrungsmöglichkeiten. Reiten und Umgang mit dem Lebewesen Pferd bieten ein sehr weites Spektrum an Erlebnissen voller Lebendigkeit und daher Ungenormtheit. Durch die Komponente des „Bewegungslernens" erhält auch die Entwicklung der Motorik des Reiters wichtige Impulse, bedingt durch die Anpassung an eine ungewohnte Bewegung, nämlich die des Pferdes. Ein Aspekt, der gerade für Kinder von ganz besonderer Bedeutung ist.

Je spärlicher und anregungsärmer die Freiräume für Kinder werden, desto sorgfältiger und erschöpfender sollten jene Möglichkeiten genutzt werden, die der Umgang mit dem Pferd in seiner Gesamtheit für die körperliche, emotionale und soziale Entwicklung des Kindes bietet.

Um hier die richtigen Impulse setzen zu können, sind sowohl Wissen wie auch Umdenken gefragt. Der Begriff „Reiten" muss auch in dem Verständnis der Unterrichtenden weiter angelegt werden und sich von der rein sportiven Sicht lösen – zumindest dort, wo Kinder mit dem Pferd umgehen. Es wäre zu wünschen, dass im Reitunterricht vermehrt der ganze Mensch, in seiner Altersstruktur, seinen körperlichen, psychologischen und persönlichen Dispositionen, in das Blickfeld der Reitmethodik rücken würde.

Das vorliegende Buch möchte dazu eine Hilfestellung geben. Es wendet sich an alle, die den Umgang mit dem Pferd und den Reitunterricht einmal unter anderen Gesichtspunkten gestalten wollen. Pädagogisch-psychologische Überlegungen bilden den Hintergrund für die praktischen Übungsvorschläge und sollen dabei helfen, die Theorie mit der Praxis zu verbinden.

Reitkurs Teil 1

Theorie und Praxis

Bei der ersten Begegnung von Kind und Pferd müssen die Rahmenbedingungen stimmen – vom ruhigen Kinderpony über den erfahrenen Ausbilder, der die Möglichkeiten und Grenzen dieser Altersstufe richtig einschätzt, bis zum sorgfältig durchdachten und geplanten Unterrichtskonzept, das die Jüngsten ebenso systematisch wie einfühlsam fördert.

REITUNTERRICHT FÜR DIE JÜNGSTEN

Reitunterricht für Drei- bis Sechs-Jährige

In dieser Altersstufe sollten wir weniger von Unterricht, sondern eher von einer Gestaltung der Begegnung zwischen Kindern und dem Pferd sprechen. Kinder dieses Alters möchten die Welt – in diesem Fall die Welt des Pferdes – in ihren unterschiedlichen Erlebnisbereichen kennen lernen. Das dreijährige Kind bringt andere Erfordernisse ein, ist anders orientiert als das fünf- und sechsjährige. Entwicklungspsychologisch ist ein Fünfjähriger in seinem Fühlen, Denken und Handeln von der Welt des Dreijährigen um einiges entfernt. In dieser kurzen Lebensspanne verläuft die Entwicklung in einem rasanten Tempo. Abgesehen davon ist die Gestaltung der Bekanntschaft zwischen Kind und Pferd an Voraussetzungen gebunden, die in erster Linie die Sicherheit der Kinder beim Umgang mit dem Tier betreffen, aber auch andere Bereiche nicht außer Acht lassen sollten. Das Pferd muss für diesen Zweck günstige Eigenschaften mitbringen. Mit diesen und anderen Fragen wollen wir uns in den folgenden Kapiteln beschäftigen.

Theoretische Grundlagen und Fragestellungen

Das Pferd als Anziehungspunkt für das Kind im Vorschulalter

Seit einigen Jahren ist zu beobachten, dass das Alter der Kinder, die den Kontakt zum Pferd suchen, immer weiter abnimmt. Bereits dreijährige Kinder kommen mit ihren Eltern in den Reitstall und schließen sich gerne den Kindergruppen an, wenn dort entsprechende Angebote bestehen. Eine Tatsache, die generell sehr zu begrüßen ist, denn frühe Erfahrungen prägen sich tief ein. Bei der Unterrichtsgestaltung herrscht jedoch große Unsicherheit darüber, was mit den Kleinen geschehen soll. Was sollen sie machen, was können sie machen, und was kann man mit ihnen machen?

Jeder, dem die Aufgabe zufällt, die Begegnung zwischen Kind und Pferd zu begleiten, sollte den Aufbau und Ablauf dieser „Bekanntschaft" bewusst gestalten. Es handelt sich hier um den Beginn einer sehr komplexen, vielschichtigen Beziehung zwischen einem Kind und einem Tier.

Vorsichtig nimmt das Pferd die Karotte aus der Hand des Jungen.

Kinder lernen der Umgang mit dem Pony in der Gruppe – hier das Füttern mit einem Stück Brot.

Es ist schade, wenn diese Verbindung nur als „Schmalspur", als direkter Weg zum sportlichen Erfolg angelegt wird oder gar Brüche hinnehmen muss, weil wichtige Gesichtspunkte unbedacht blieben. Denn immerhin geht es sowohl darum, Kind und Pferd, zwei Wesen aus unterschiedlichen Lebenswelten, als auch Kinder mit unterschiedlichen Entwicklungsstufen und Belastbarkeiten, aufeinander einzustimmen. Reiten heißt: Zwei Lebewesen, die von Natur aus nicht unbedingt füreinander bestimmt sind, begegnen sich auf mehreren Ebenen.

Was ist wichtig?

Die Kinder, die einen ersten Kontakt zum Pferd suchen, werden immer jünger.

Die Unterrichtsgestaltung muss auf die immer jüngeren Kinder besonders zugeschnitten werden.

Die Bekanntschaft zwischen Kind und Pferd muss in einer Vielfalt von Begegnungsebenen gestaltet werden.

Entwicklung motorischer Fähigkeiten

Unter Motorik ist in diesem Zusammenhang ein Bewegungsverhalten zu verstehen, mit dem der

Bei diesem Paar „stimmt das Miteinander". Das Kind sitzt ausbalanciert im Schwerpunkt und ist in der Lage, die „Hilfen" fein zu dosieren. Die zurück gewandten Ohren des Pferdes signalisieren Konzentration und Bereitschaft zur Mitarbeit bei den kommenden Lektionen in der Dressuraufgabe.

Körper des Reiters versucht, sich den Schwerpunktsveränderungen anzupassen. Betrachten wir die motorische Ebene unter diesem Gesichtspunkt. Sie ist leicht beobachtbar und bestimmt auch weitgehend die allgemeine Vorstellung vom Begriff „Reiten": Ein Kind, Jugendlicher oder Erwachsener sitzt auf einem Pferd, das ruhig im Schritt geht, trabt, galoppiert oder auch schwierige Aufgaben wie Dressurlektionen und Springen über Hindernisse in Zusammenarbeit mit seinem Reiter zeigt. Um hier erfolgreich und effektiv agieren zu können, sind von reiterlicher Seite unzählige motorische Einzelleistungen zu erbringen. Der Schwerpunkt des Reiters muss in jeder Bewegungsphase mit dem Schwerpunkt des Pferdes übereinstimmen, was sehr hohe Anforderungen an Körperelastizität und Gleichgewichtssinn stellt. Sind diese Fähigkeiten nicht vorhanden, dann wird das Pferd in der Entfaltung seiner Eigenbewegungen gestört und zeigt entsprechende Abwehrreaktionen.

Auch dieses Paar arbeitet gut zusammen. Der wache Blick des Mädchens und die aufmerksam nach vorne gerichteten Ohren des Pferdes zeigen das gemeinsame Interesse an der Bewältigung der Anforderungen im Springparcours.

Das ausgebildete Pferd reagiert in seiner Bewegungsausführung auf bestimmte physische Reize, die als „Hilfen" bezeichnet werden. Je nach Ausbildungsgrad von Reiter und Pferd stellen diese Hilfen ein mehr oder weniger fein abgestimmtes Signalsystem dar, das vom Reiter in einer richtig koordinierten Abfolge von Bewegungsreizen auf das Pferd übertragen wird. Das ausgebildete Pferd kann diese Reize als Aufforderung zu entsprechender Bewegungsausführung nur dann richtig „verstehen", wenn die reiterliche Motorik in der Lage ist, diese Hilfen in individuell angemessener Dosierung und in einem richtigen Zusammenspiel der einzelnen Bewegungssequenzen an das Pferd weiterzugeben. Der Lernweg ist für beide, sowohl Reiter wie auch Pferd, langwierig und anspruchsvoll.

Das heranwachsende Kind befindet sich in einer Entwicklungsphase, in der die motorischen Funktionen erst langsam reifen. In diesem kritischen Alter wird die Struktur des Nervensystems mit seinen neurologischen Schaltzentralen im Gehirn langfristig geprägt. Ein vielfältiges Angebot an unterschiedlichen Bewegungsformen wirkt günstig auf diese wichtige Entwicklungsphase. Versäumnisse sind später nicht nachzuholen und führen zu einer Verarmung an motorischen Ent-

wicklungsmöglichkeiten. Gerade in dieser Altersstufe ist das Reiten für die Entwicklung motorischer Fähigkeiten sehr hilfreich und lässt sich auch in den Anforderungen individuell und kindgerecht gestalten.

Was ist wichtig?

Mit dem Begriff „Reiten" ist in dem allgemeinen Verständnis die motorische Ebene angesprochen.

Die motorische Ebene ist maßgebend für die körperliche Harmonie zwischen Mensch und Pferd.

Für die reiterliche Harmonie muss der Mensch körperlich in der Lage sein, sich den Bewegungen des Pferdes in allen Phasen anzupassen.

Das heranwachsende Kind, dessen motorische Funktionen erst heranreifen, erhält durch das Reiten wichtige Impulse für seine körperliche Entwicklung.

**Beziehung
zwischen Mensch und Pferd**

Ein weiterer Bereich, in dem sich die Begegnung zwischen Mensch und Pferd abspielt, ist die Beziehungsebene.

In Beziehung zueinander treten heißt zunächst einmal nicht viel mehr als „den anderen wahrzunehmen" – wahrnehmen in seiner Erscheinungsform, seinem Ausdrucksverhalten und seinen Bedürfnissen. Beim Reiten treten zwei

Lebewesen miteinander in Beziehung, die hinsichtlich Erscheinungsform, Ausdrucksverhalten und ihrer Bedürfnisse nur sehr wenig Ähnlichkeit aufweisen. D. h., beide müssen sehr viel voneinander lernen, um miteinander zurechtzukommen.

Das Leben der Pferde und der Umgang mit ihnen spielt sich heute vorwiegend in Reitställen ab und beschränkt sich in der Regel auf einige Stunden des Zusammenseins in der Woche. Das Pferd ist aus dem direkten Zusammenleben mit dem Menschen weitgehend ausgegrenzt. Das Sammeln von Erfahrungswissen, wie es früher aus dem täglichen gemeinsamen Leben erwuchs, ist heute in dieser Form nicht mehr möglich. Das bedeutet, dem Menschen muss dieses Wissen auf andere Weise vermittelt werden. Pferde sind in dieser Hinsicht sehr lernbereit, weil ihre eigene innere Zufriedenheit auch auf einem stimmigen Kontakt zum Menschen beruht.

In der Regel wissen sie sehr bald, wie sie Stimmlage, Körperausdruck und Bewegungen ihrer Kontaktperson zu interpretieren haben, sie „verstehen" seine „Körpersprache". Sie besitzen ein sehr feines Gespür für die Nuancen dieser stummen Botschaften. Aufgeregtheit oder Angst erfassen sie mit sicherem Instinkt, auch wenn alle

Das Pferd wendet sich vertrauensvoll dem Mädchen zu, und ihr fröhliches Gesicht drückt die Zufriedenheit im Zusammensein mit dem Pferd aus.

ihnen die „Sprache" des Pferdes erklären. Ihre Beobachtungsgabe wird dabei angeregt und das Verständnis für ein Lebewesen geweckt, dessen Verhalten von Empfindungen und Gefühlen bestimmt wird, die sich von den eigenen so unterscheiden und doch auch ähnlich sind.

Was ist wichtig?

▬▬▬ Die Beziehungsebene klärt den Umgang miteinander.

▬▬▬ Das Kind muss lernen, das Ausdrucksverhalten des Pferdes richtig zu deuten.

▬▬▬ Das Kind wird in seiner Beobachtungsfähigkeit angeregt, wenn es auf die Sprache des Pferdes achten lernt.

▬▬▬ Dabei wird das Verständnis des Kindes für andere Lebewesen geweckt.

Verantwortung übernehmen

Die dritte Ebene liegt im sozialen Bereich: Indem der Mensch das Pferd zum Haustier heranzog, machte er es in vieler Hinsicht von sich abhängig. Doch mit der Abhängigkeit des Tieres erwuchs dem Menschen zugleich auch die Verantwortung für das Tier. In einer an sozialen Erfahrungen immer weiter verarmenden Welt kann die Begegnung mit dem Tier dem Kind wichtige Erlebnisse und das Gefühl sozialer Verantwortung vermitteln. Die soziale Verantwortung des

Register gezogen werden, um gerade diesen Eindruck zu verdecken. Jeder, der mit Pferden umgehen will, muss sich ein Wissen darüber aneignen, wie z.B. jene Botschaften zu entschlüsseln sind, die das Gesicht eines Pferdes mit den wechselnden Stellungen der Ohren, dem Ausdruck der Augen, der Haltung des Kopfes etc. vermittelt. Das Erkennen und richtige Deuten bilden die Grundlage für eine angemessene Reaktion von Seiten des Reiters und sind somit wichtige Eckpfeiler für den Aufbau einer guten Beziehung zum Pferd.

Kinder zwischen 3 und 6 reagieren aufmerksam auf Hinweise, die

Menschen gegenüber dem Pferd beginnt ganz schlicht mit der Erkenntnis, dass ein Pferd in der Weise behandelt werden will und muss, die seinem Naturell angemessen ist. Pferde brauchen klare, konstante Orientierungslinien, die ihnen im Umgang mit dem Menschen als Verhaltensrichtschnur dienen können. Das Kind muss Verhaltensregeln beachten lernen, die dem Pferd klare Grenzen setzen und dadurch den Umgang miteinander bestimmen, die dem Pferd aber auch eine Chance geben, von seiner Seite den Umgang mit dem Menschen lernen zu können. Dabei lernt das Kind geduldige Konsequenz, Selbstbeherrschung und die Fähigkeit, sich auf ein andersartiges Lebewesen und dessen Bedürfnisse einzustellen.

Pferde brauchen darüber hinaus ausreichend Bewegung, artgerechtes Futter und Gelegenheit zur sozialen Kontaktpflege mit Artgenossen. Für diese Grundbedürfnisse muss von Seiten des Menschen gesorgt werden.

Für Kinder ist es gut, diese Haltung, die in unserer Gesellschaft vielfach ausgeblendet wird, an einem Pferd üben zu können. Die Hast des modernen Lebens rollt nicht selten über die kindlichen Angebote eines sozialen Engagements hinweg. Das Pferd geht dankbar darauf ein und gibt auf seine Weise eine sehr befriedigende Rückmeldung der

empfangenen Zuwendung. Es zeigt durch sein Verhalten aber auch deutlich, wenn die Grenzziehung durch Unachtsamkeit oder auch Rücksichtslosigkeit gestört wurde. Kinder, die diese Erfahrungen machen dürfen, werden bereichert und lernen Reaktionen der Umwelt im sozialen Miteinander zu beachten. Für ein anderes Lebewesen Verantwortung zu übernehmen, das der Hilfe und Zuwendung bedarf, heißt, sich aus der Ichbezogenheit zu lösen, offen zu sein für die Bedürfnisse anderer und damit soziales Empfinden zu entwickeln.

Beide fühlen sich wohl miteinander.

Was ist wichtig?

▬ Der Mensch trägt gegenüber dem Pferd die Verantwortung für eine Behandlung und Haltung, die den Bedürfnissen des Pferdes gerecht wird.

▬ Kinder können im Umgang mit dem Pferd die gesellschaftliche Grundtugend lernen, soziale Verantwortung für andere zu übernehmen.

*Starke Drohgebärde mit
flach angelegten Ohren.*

Ängstlicher, vorsichtiger Ausdruck.

Aufmerksames, zufriedenes Pferd.

*Dösendes Pferd
mit hängender Unterlippe.*

*Pferde, die im Stall gehalten werden, brauchen regelmäßige Fellpflege. Diese
Fürsorge verbindet und schafft gegenseitiges Vertrauen.*

Das Kontaktbedürfnis des Kindes findet in dem Pferd ein freundliches Gegenüber, das sich über solche Angebote freut. Das Pferd bringt aber auch unmissverständlich zum Ausdruck, wenn Grenzen beim Umgang miteinander nicht beachtet wurden. Das Kind lernt, eine ihm fremde Kommunikationsweise zu beachten und zu respektieren.

**Das Pferd –
ein mitfühlender Partner**

Wissen und die bewusste Gestaltung der oben beschriebenen Ebenen sind wichtige Voraussetzungen dafür, dass die entscheidende zusammenführende Kraft, nämlich die emotional gelenkte Anziehung zwischen Kind und Pferd die erhoffte Resonanz findet. Man könnte auch sagen, Liebe allein genügt nicht, aber sie ist die Basis für das, was beide sich geben können.

Für ein Kind, das in unserer so verunsichernden Zeit aufwächst, kann die gefühlsmäßige Bindung an ein Tier, in diesem Fall das Pferd, sehr hilfreich und stabilisierend sein. Denn das Pferd ist in

Die Pflege des Pferdes schafft gemeinsame und verbindende Tätigkeitsfelder für die Familie.

seiner Zuneigung zuverlässig, wenn es artgerecht und ohne Launenhaftigkeit behandelt wird. Die Investitionen an Gefühl und Zuneigung tragen dauerhafte Früchte. Das Pferd freut sich wiehernd, wenn „sein Mensch" kommt. Es zeigt diese Freude ohne jedes taktische Kalkül und bietet mit seiner Ehrlichkeit die Basis einer tragfähigen Verbindung, die nicht danach fragt, wie der gesellschaftliche Status ist, wie die Schulnoten sind. Es ist als hoch entwickeltes Lebewesen seinerseits zu einer tiefen Empfindung fähig und

reagiert sehr sensibel auf die Gefühlslage des Menschen, den es kennt.

Es kann sehr tröstlich sein, sich an den großen warmen Körper eines Pferdes zu lehnen und dort innere Erholung zu suchen, den Tagesfrust ein wenig zu vergessen. Ein Pferd nimmt Stimmungen auf, was es auch offen zeigt. Allerdings setzt das Entstehen einer solchen Verbindung voraus, dass das Pferd in seiner Eigentümlichkeit erkannt und auch entsprechend behandelt wird. Mit Vermenschlichung wird man ihm nicht gerecht.

Das Pferd bietet sich an als ein lebendiger Körper, als ein fühlendes Wesen, als eine eigenständige Persönlichkeit, die den Kontakt zu ihm mitgestaltet. Es lässt sich nicht nur „behandeln", sondern antwortet mit seinen Reaktionen aktiv auf die Art und Weise, wie das Kind sich ihm zuwendet

Kinder finden heutzutage immer weniger Gelegenheit, eigene Erfahrungen in der Wirklichkeit zu machen. Computerprogramme und Videos führen sie in eine Scheinrealität, die ihnen nur Bilder liefert, aber alle anderen Erfah-

Die Hände des Mädchens nehmen sehr zart Kontakt zum Pferd auf. Beide Gesichter drücken eine verträumte, in sich gekehrte Stimmung aus.

rungen ausspart. Pferde im Fernsehen und auf dem Video lassen sich nicht streicheln, die Hände spüren nicht das weiche Fell, den warmen Körper. Der Kontakt wird allein über das Auge hergestellt und bleibt an der Oberfläche, ohne Verankerung in anderen Sinnen. Nur der eigene, unmittelbare Kontakt des Kindes zum Pferd ist ein Bollwerk gegen industrielle Klischees. Hier fällt den Kindergruppen in den Reitställen ein großes Aufgabenfeld zu, nämlich das Pferd in seiner reichen Erfahrungswelt und mit ihm den Kindern ein Stück lebendige Wirklichkeit zu erschließen.

Was ist wichtig?

Die emotionale Ebene erschließt das Gefühl, das Kind und Pferd miteinander verbindet. Ohne sie ist eine Partnerschaft zwischen beiden nicht denkbar.

Das Pferd meint in seinen Reaktionen immer den Menschen, wie er ist, ohne sich an anderen Faktoren zu orientieren.

Das Pferd fängt Stimmungen auf und stellt mit seiner Sensibilität ein verständnisvolles Gegenüber dar.

Die gefühlsmäßige Bindung an ein Pferd kann für ein Kind ein stabilisierender Schutz gegen ein verunsicherndes Umfeld sein.

In der gemeinsamen Vertrautheit entsteht eine Atmosphäre für Entspannung und Erholung.

Reiten – nur eine Sache von Disziplin und Ordnung?

Ein paar Worte sollten auch über den Rahmen, in dem sich der Kontakt der Kinder zu dem Pferd abspielt, gesagt werden. Kinder dieser Altersstufe können sich noch nicht lange auf eine Tätigkeit konzentrieren, aber sie wollen beschäftigt sein und brauchen verschiedene, wechselnde Angebote.

Die Mutter als Helferin beim Reitunterricht

Da die Kinder in den meisten Fällen von ihren Müttern oder anderen erwachsenen Begleitpersonen zu diesen „Reitstunden" gebracht werden, ist es eigentlich gar nicht schwer, sich als Unterrichtende* hier Hilfe und Unterstützung zu holen.

Für die Kleinen ist die Gegenwart

und aktive Anteilnahme der Mütter unerlässlich. Deswegen sollten die Mütter ebenfalls in das Unterrichtsgeschehen mit eingebunden werden. Dieser Punkt erfordert vom Ausbilder viel Fingerspitzengefühl, denn Mütter möchten für ihre Kinder immer „das Beste" – und verlangen in diesem Bestreben manchmal von sich und dem Kind zu viel.

Die Aufgaben der Mütter variieren nach dem Alter der Kinder, die sie begleiten. Für die ganz Kleinen bedeutet allein ihre Gegenwart eine wichtige psychische Stütze.

Sie begegnen der unbekannten Umgebung, dem fremden Tier mit sehr viel größerem Zutrauen, wenn die Mutter sie dabei unterstützt. Meistens dauert es einige Unterrichtsstunden, bis das Kind die unbekannte Lehrerin akzeptiert und sich von ihr auf das Pony heben lässt. Diese offensichtliche Ablehnung ist keineswegs persönlich gemeint, sondern liegt in dem naturgegebenen Verhalten dieser Altersstufe. Die Mutter ist in dieser Eingewöhnungszeit eine wichtige Mittlerin zwischen dem Kind und

* Hier und in der Folge ist meist von der Unterrichtenden, von Helferinnen und Müttern die Rede, da in der Tat hauptsächlich Frauen den Kindern Reiterunterricht geben bzw. sie zum Unterricht begleiten. Männliche Ausbilder und Väter sind dabei natürlich ebenso angesprochen.

Dieses Kind fühlt sich wohl. Es spürt die Hand der Mutter und kann sich voller Vertrauen auf den engen Kontakt mit dem Pony einlassen.

Motivationsschub. Die Gruppe hat einen großen Vorteil, wenn eine Mutter im Umgang mit Pferden erfahren ist und dem Unterrichtenden zur Hand gehen kann. Vielleicht kann er ihr das zweite Pony anvertrauen, auf dem die Kinder im Schritt geführt werden.

Es hat sich auch sehr bewährt, Mädchen ab 12 Jahren, die sich mit Pferden auskennen, in diese Arbeit mit einzubinden. Sie sind den jüngeren Kindern innerlich sehr viel näher und gehen erfahrungsgemäß mit viel Einfühlungsvermögen auf die Empfindungen der kleineren Kinder ein. Gerade für schüchterne Kinder ist die Unterstützung durch ältere Kinder eine ermutigende Hilfe.

der Lehrerin, wenn es darum geht, Anweisungen anzunehmen. Sitzt das Kind auf dem Pony und fühlt sich dort zunächst unsicher, wirkt der Berührungskontakt zur Mutter, wenn deren Hand leicht auf dem Oberschenkel des Kindes liegt, sehr beruhigend.

Wenn der Ausbilder es versteht, flexibel auf die Kinder einzugehen, dann sind diese Anfangsschwierigkeiten bald überwunden, und die Mutter kann sich langsam aus dem direkten Geschehen zurückziehen. Voraussetzung ist allerdings, dass in dieser Gruppe die Person des Ausbilders und auch das Pony nur im äußersten Notfall wechseln, denn die Kinder dieser Altersstufe sind noch ganz stark personen- und in keiner Weise sachbezogen.

Bei den älteren Kindern, ab etwa 4 bis 5 Jahren, ist die unmittelbare Gegenwart der Mutter nicht mehr so entscheidend, aber ihr Anteil nehmendes Interesse und der Ausdruck ihrer Freude, wenn eine Übung gut gelingt oder etwas Neues gewagt wird, geben dem Kind einen wichtigen

Was ist wichtig?

Anwesende Mütter können bei der Unterrichtsgestaltung eine große Hilfe sein.

Die Gegenwart der Mutter bedeutet für das kleine Kind eine wichtige psychische Stütze.

Die aktive Anteilnahme der Mütter erleichtert dem Kind das Eingewöhnen und den Kontakt zu der unbekannten Umgebung.

Für ältere Kinder wirken Lob und Anerkennung durch die Mutter sehr motivierend. Ihre ständige Gegenwart ist dann aber nicht mehr notwendig.

Das kleine Mädchen sitzt ohne Angst auf dem großen Pferd. Die Nähe der Mutter und die direkte Verbindung zu ihr über die stützende Hand vermitteln Sicherheit und geben Selbstvertrauen.

Alternative Bewegungs- und Beschäftigungsangebote

Nicht alle Kinder können zur selben Zeit auf dem Pony unterrichtet werden. Sie brauchen aber dennoch Angebote, die ihnen die Wartezeit vertreiben und zugleich ihrem Bewegungsbedürfnis entgegenkommen.

Sehr viele Reitställe besitzen für das Voltigiertraining ein „Pferd" – gemeint ist das leblose Turngerät. An diesem Gerät können jene

Mit der „großen Freundin" zusammen ist die Zurückhaltung bald überwunden.

Auf dem Reitplatz gibt es soviel Interessantes zu sehen und zu fragen.

Für Sitzübungen an der Longe sind zwei zuverlässige Ponys im Einsatz.

Kinder, die gerade nicht reiten, unter der Aufsicht einer Mutter herumturnen. Sie gewöhnen sich dabei an die Höhe, die vielen Kindern auf dem Pferderücken zunächst Unbehagen bereitet. Außerdem ist es eine gute Gelegenheit, unseren bewegungsverarmten Kindern zusätzliche Übungsmöglichkeiten anzubieten, und gibt darüber hinaus Impulse zum spielerischen Miteinander. Bereitgestellte Cavaletti sind wunderbare Balancierbalken, und das Herumhangeln an ihnen hilft, Balance und Gleichgewicht zu üben. Das sind Fähigkeiten, die dem Reiten sehr zugute kommen. Einige Kinder möchten gerne nur zuschauen. Sie sitzen dann bei ihren Müttern und genießen das Zusammensein mit ihnen. Besonders engagierte Mütter haben Apfelsinen, Apfelstücke oder auch die beliebten Gummibärchen dabei. Vielfach ergibt sich ein lebhaftes Gespräch mit regem Kontaktaustausch zwischen den Kindern.

Wenn es irgend möglich ist, zwei geeignete Ponys für diese Stunden bereitzustellen, dann sollten mit ihnen ganz unterschiedliche, aber doch kindgemäße Aufgabenstellungen angeboten werden. An dem einen Pony, das mit Sattel und Ausbinder ausgerüstet wird, kann für die Fünf- bis Sechsjährigen der Unterricht mit Sitzübungen von einer Fachkraft an der Longe durchgeführt werden.

Das andere Pony, nur mit Trense und Führzügel, kann unter der Obhut einer pferdeerfahrenen Mutter den Kindern für andere, spielerische Aufgaben angeboten werden. Allerdings muss dieses Pony wirklich zuverlässig sein.

Mit etwas Phantasie und Einsatz lassen sich die Wartezeiten auf diese Weise abwechslungsreich und interessant gestalten.

Was ist wichtig?

Kinder brauchen alternative Bewegungsangebote für die Wartepausen.

Das hölzerne Voltigierpferd oder Cavaletti bieten sich dafür an.

Die tätige Mithilfe von Müttern kann die Wartezeiten im Unterricht verkürzen.

Überlegungen zur Unterrichtsgestaltung

Die Gruppenstärke sollte sich in einer Größenordnung von sieben bis maximal zehn teilnehmenden Kindern bewegen. Bei rund zehn Kindern muss unbedingt an den Einsatz von zwei Ponys gedacht werden. Andernfalls bringt die Konkurrenz um das Verweilen auf dem Pferd zu viel Unruhe und Gereiztheit in die Gruppe. Im Verlauf einer Unterrichtseinheit sollte jedes Kind insgesamt etwa 15 Minuten lang auf oder mit dem

Keß und keck mit Reitkappe.

Auf der Basis eines sicheren und losgelassenen Sitzes wird das gepflegte Scheckenpony von seiner Reiterin mit weicher Hand gelenkt. Dieses Pony ist mit seiner interessanten Färbung un dem schönen Behang ein Liebling der Kinder.

pen, sei es in der Halle oder draußen auf einem Platz, aufhalten dürfen. Die sprunghaften Reaktionen der Kinder und die Anwesenheit anderer Pferde können für alle Beteiligten zu Gefahrensituationen führen.

Die Beachtung dieser Sicherheitsaspekte gehört zur geistigen Planung einer Stunde. Je jünger die Kinder sind, desto sorgfältiger und umsichtiger ist die Vorbereitung anzugehen. Kinder verfügen in diesem Alter noch über zu wenig „schützende" oder ausgleichende Erfahrung, um Gefahrensituationen zu beherrschen und negative Erlebnisse zu verarbeiten.

Was ist wichtig?

Die Gruppenstärke auf maximal zehn Kinder begrenzen.

Eventuell zwei Ponys für die Stunde bereitstellen und unterschiedliche Einsatzbereiche festlegen.

Für Sicherheit im Umfeld sorgen – keine anderen Reiter in der Nähe.

Geeignete Kleidung empfehlen.

Das ideale Pferd –
wie sollte es beschaffen sein?

Kindern von drei bis vier Jahren müssen wir das Recht zugestehen, sich so zu verhalten, wie es ihnen ihre Impulsivität gerade eingibt. Sie brauchen für ihre gesun-

Pony beschäftigt sein, aufgeteilt z. B. in dreimal fünf Minuten. Bei älteren Kindern kann auf Grund ihrer besseren Konzentrationsfähigkeit die Unterrichtsdauer zeitlich etwas länger ausgedehnt werden.

Auch das sicherste Pony ist „nur" ein Pferd, mit vielen Unwägbarkeiten bei der Reaktion auf unvorhergesehene Situationen. Deshalb sollte das Tragen einer splittersicheren Reitkappe schon bei den kleinen Kindern eingeübt werden.

Bei einigen Übungen allerdings hindert die Reitkappe eher, als dass sie nützt. In diesen Fällen muss die Fachkraft entscheiden, ob der Kopfschutz auch einmal weggelassen werden kann. Ansonsten genügt für den Anfang völlig, wenn die Kinder lange Hosen und Turnschuhe tragen. Das ungesattelte Pony, bei dem keinerlei Möglichkeit des Hängenbleibens besteht, ist für die Kinder sicherer, auch wenn diese Ansicht im ersten Moment erstaunt.

Es sollte eine Selbstverständlichkeit sein, dass andere Reiter sich keinesfalls in der Nähe der Kindergrup-

de Entwicklung eine Umgebung, in der sie möglichst ungefährdet ihrer Neugier, ihrer Entdeckerfreude und ihrem Tatendrang folgen können, ohne dass die Erwachsenen ständig eingreifen müssen. Diese Altersstufe will das Pferd in jeder Hinsicht kennen lernen und im wahrsten Sinn des Wortes „begreifen".

Die Gelegenheit dazu ergreifen sie vollkommen unbefangen und ohne die Reaktionen des anderen Lebewesens in ihre Handlungsweise mit einzubeziehen. Dazu gehört, dass sie das Pferd an vielen Körperteilen anfassen, streicheln und dabei feststellen, wie aufregend das ist. Ein großer Kopf mit riesigen Nasenlöchern wendet sich ihnen zu, bläst ihnen warme Luft ins Gesicht, die manchmal auch mit Feuchtigkeit gemischt ist und vielleicht deswegen Abwehr auslöst. Diese Abwehr kann sich ganz impulsiv mit einem unkontrollierten Schlag auf die Nase des Pferdes oder mit einem lauten Schrei äußern. Meistens ist es nicht nur ein einzelnes Kind, das sich auf diese Weise dem Pferd nähert, sondern in der Regel sind es mehrere, die zur gleichen Zeit an verschiedenen Körperteilen eher kitzelnd als streichelnd das Fell berühren. Die Erwachsenen greifen hier natürlich regulierend ein, um eine Überdosis von allem zu verhindern, aber entscheidend ist hier der Charakter des Pferdes.

Dieses Pony hat eine handliche Größe und vermittelt den Eindruck aufmerksamer Gelassenheit.

Wir wollen ja, dass das Kind seine aktive Neugier behält. Es ist in unserer heutigen Welt nicht leicht, Bedingungen zu schaffen, die zugleich die Neugier herausfordern und Spontaneität zulassen. Das Pferd bietet viele Möglichkeiten. Allerdings muss es dafür auch geeignet sein.

Wenn wir davon ausgehen, dass Pferde von Natur eher schreckhaft sind, dann stellt eine solche Situation mit mehreren lebhaften Kindern in unmittelbarer Nähe keine geringen Anforderungen an die Gelassenheit, Gutmütigkeit und Lebenserfahrung des „Kinderpferdes". Es benötigt eine unerschütterliche Ruhe, die auf einem gesicherten Vertrauen zum Menschen gebaut ist, eine innere Abgeklärtheit, die das Ergebnis langjähriger Erfahrung darstellt und einen Charakter, der es auch in unbequemen Situationen nie zu den eigenen Waffen, wie beißen oder schlagen, greifen lässt.

Alle diese Eigenschaften werden wir selten bei einem jungen Pferd finden. Eine solche Aufgabe kann für ältere Pferde, die nicht mehr so leistungsfähig sind, noch eine dank-

Das Bemühen des Kindes wirkt „verloren" angesichts der ungleichen Größenverhältnisse zwischen den beiden.

zwischen den eigenen Empfindungen und denen des anderen unterscheiden. Sie verstehen es, wenn wir ihnen erklären, dass das Pferd jetzt Angst bekommt oder an der Flanke kitzlig ist. Diese Fähigkeit, die ein Ausdruck für innere Reife ist, kommt dann ihrem Wunsch entgegen, auf ihre Umwelt Einfluss zu nehmen. Dafür bietet sich das gutmütige, aber nicht abgestumpfte Pferd in idealer Weise an.

Diese Kinder sind bei entsprechender Vorbildung in ihrer körperlichen Entwicklung schon weit genug, dass sie auf dem ruhigen Pferd allein sitzen und es auch mit den Zügeln dirigieren können. Sie erleben sich dabei im Sinne von Selbstwirksamkeit, was für die Entwicklung ihres Selbstvertrauens und ihres Mutes, auch ungewohnte Situationen anzugreifen, sehr wichtig ist.

Allerdings dürfen diese ersten Erfahrungen nicht mit negativen Erlebnissen belastet werden, denn Mut und Selbstvertrauen sind keine gegebenen Größen. Sie wachsen und entwickeln sich erst mit zunehmender Erfahrung. Durch Misserfolge aber, die vielleicht sogar mit Schmerzen und Angst verbunden sind, erleidet der Aufbau dieser Eigenschaften Rückschläge. Wir dürfen uns auch nicht täuschen lassen und Selbstvertrauen mit Selbstüberschätzung verwechseln, Selbsteinschätzung auf Grund von

bare Arbeit sein, bei der sie Zuwendung erfahren und noch einige Jahre mit dem Menschen zusammenbleiben können. Die drei Grundgangarten sollten taktmäßig in Ordnung sein, wobei sie keinesfalls besonders schwungvoll oder raumgreifend sein müssen. Es lohnt sich, nach solchen Tieren Ausschau

zu halten, denn sie bringen viele Voraussetzungen mit, die Herzen der Kinder zu erobern.

Die fünf- bis sechsjährigen „Jungreiter" haben schon gelernt, dass nicht alles, was ihnen begegnet, so denkt und fühlt wie sie. Diese Altersstufe (die Übergänge sind natürlich fließend) kann bereits

Ganz selbstverständlich ist das Pony in den Kreis der Kinder mit einbezogen.

Selbstkritik können wir hier noch nicht voraussetzen. Solche Kinder gehen überforsch an die Sache heran und neigen dazu, grob zu werden, wenn es nicht sofort nach Wunsch läuft. Sie wollen mehr zeigen, als im Augenblick möglich ist. Da bedarf es dann der eingrenzenden Ermahnung, die aber nicht auf das Kind zielt, sondern auf das Pferd hinlenkt. Das könnte so klingen: „Ich glaube, der Max würde es schon so machen, wie du es willst, aber du ziehst so stark an beiden Zügeln, dass er nicht versteht, was du willst." D. h., auch hier ist der verlässliche Charakter des Pferdes, das Ungeschicklichkeiten und Grobheiten nicht übel nimmt, eine unabdingbare Notwendigkeit.

Neben der Sicherheit haben wir natürlich weitere Wünsche an unser „Kinderpferd": Das normale Warmblut kann sehr gutmütig und kinderfreundlich sein, aber es ist schlichtweg zu groß.

Wenn die Kinder putzen möchten, was ja sehr wünschenswert ist, weil solche Tätigkeiten Vertrautheit herstellen, dann ergeben sich hier bereits die ersten Schwierigkeiten. Der Wunsch der Kinder, überall mitzuhelfen, stößt sehr schnell an

Ein in Würden ergrautes Pony hat in der Arbeit mit den Kindern noch eine schöne Aufgabe gefunden. Mit erfahrener Gelassenheit bietet es viel Sicherheit.

Grenzen. Sie können das Pferd nicht allein aus der Box holen, beim Auftrensen ist der Kopf viel zu hoch, und außerdem wirkt selbst ein freundliches Pferd bei diesem Unterschied in den Größenverhältnissen bedrohlich. Ein Pony oder Kleinpferd hat für dieses Alter die bessere Abmessung.

Idealerweise sollte die Schrittlänge des Pferdes in etwa der Schrittlänge der reitenden Kinder angepasst sein. D.h., für kleine Kinder mit kurzen trippelnden Schrittchen ist ein Pferd mit einer schnellen Bewegungsfolge und wenig Raumgriff geeigneter. Die Kinder fühlen sich auf einem solchen Pferd sicherer und wohler, weil seine Schrittbewegung der eigenen ähnelt.

Einige Pony- oder Kleinpferderassen, wie z.B. der Isländer, haben noch einen anderen Vorteil. Mit ihrem dicken, wuscheligen Fell, ihrer dichten Mähne üben sie eine besondere Anziehungskraft auf Kinder aus. Ähnlich wie die Plüsch- und Schmusetiere zu Hause laden sie zum Kuscheln ein, wirken Vertrauen erweckend und Kontakt stiftend, was besonders bei schüchternen, eher zurückhaltenden Kindern oft motivierend und angstmindernd ist.

Was ist wichtig?

▬▬ Dreijährige Kinder sind voller Neugier und voll unberechenbarer Impulsivität.

▬▬ Dreijährige Kinder gehen bei der Einschätzung der Situation immer von den eigenen Gefühlen aus.

▬▬ Dreijährige Kinder lieben den direkten Berührungskontakt zu allem, was sie sehen.

▬▬ Fünf- und sechsjährige Kinder können die eigene Impulsivität in begrenztem Umfang steuern.

▬▬ Fünf- und sechsjährige Kinder können bereits zwischen eigenen und den Gefühlen anderer unterscheiden.

▬▬ Fünf- und sechsjährige Kinder sind noch nicht in der Lage, eigene Fähigkeiten und Handlungsweisen richtig einzuschätzen.

▬▬ Fünf- und sechsjährige Kinder wollen auf ihre Umwelt aktiv Einfluss nehmen.

Das geeignete Pferd muss folgende Voraussetzungen erfüllen:

▬▬ Ruhiger, gutartiger, keinesfalls schreckhafter Charakter.

▬▬ Von seiner Körpergröße her für Kinder zu handhaben.

▬▬ Die Grundgangarten sollten taktrein, müssen aber nicht schwungvoll sein.

▬▬ Dichtes Fell und viel Langhaar sind erwünscht.

Praktischer Teil

Nach diesen allgemeinen Vorüberlegungen sollen nun Meilensteine eines Unterrichtsweges aufgezeigt werden, die das Kind vom ersten Kontakt zum Pferd bis zu jenem Zeitpunkt begleiten, zu dem es so weit fortgeschritten ist, dass der Übergang in die nächste Gruppe möglich ist. Es muss immer wieder betont werden, dass es sich dabei nicht um „Unterrichtsrezepte" handelt, die problemlos übernommen werden können. Das ist aus mehreren Gründen nicht möglich. Einmal sind die Unterrichtsgegebenheiten in Hinblick auf geeignetes Pferdematerial und engagierte Helfer in jedem Stall anders, außerdem fehlt gerade in der Anfängergruppe der Drei- bis Sechsjährigen jede Basis für einen starr vereinheitlichten Unterricht. Zu unterschiedlich sind die Entwicklungsstufen und die Vor-

kenntnisse, die die Kinder in den Unterricht mitbringen.

Die im folgenden beschriebenen methodischen Unterrichtsschritte markieren einen Weg, der das Kind mit den elementaren Grunderfahrungen rund um das Pferd vertraut macht. In diesem Sinne ist die pädagogische Zielsetzung dieser ersten Lernschritte zu verstehen.

Der erste Kontakt zum Pferd aus sicherer Distanz

Wenn das Kind das erste Mal zur Reitgruppe kommt, ist es ganz wichtig, dass ihm genügend Zeit zugestanden wird, um die fremde Umgebung und das Umfeld des Pferdes in Ruhe in sich aufzunehmen. Es begegnet hier einer ganz neuen Welt. Im Stall riecht es nach Heu, nach Pferdemist; es hört dort ganz unbekannte Geräusche, wenn die Pferde schnauben, mit den Hufen scharren oder auch gegen die Boxenwand klopfen. Es erlebt die einschüchternde Größe eines Pferdes aus unmittelbarer Nähe.

Vielleicht sind Stuten mit ihren Fohlen auf einer Koppel zu beobachten. Es gibt viel zu sehen, wenn die Fohlen umhergaloppieren, bei den Müttern trinken und miteinander spielen. Es ist jetzt sehr wichtig, dass jemand da ist, der geduldig und interessiert auf die vielen Fragen eingeht. Das erfordert Zeit und Ruhe, denn das Kind tritt hier gera-

Es ist noch etwas ungewohnt, die Zügel in den kleinen Händen, auf einem lebendigen Pony zu sitzen.

de in seine erste Beziehung zum Pferd. Für den Erwachsenen ist es sehr aufschlussreich, in die Hocke zu gehen und das Geschehen einmal aus der Perspektive des Kindes zu erleben. Pferde scheinen auf hohen Stelzen zu stehen und haben von unten gesehen ganz neue Proportionen. Diese Stellung hilft, der Sicht des Kindes näher zu sein, vielleicht auch seinen Gedanken und Gefühlen.

Wenn es sich in Ruhe umgesehen hat, wird sich das Kind zur Reitgruppe gesellen wollen, um nun hier zu erleben, was die anderen machen. Es ist schwer abzuschätzen und individuell sehr unterschiedlich, wie Kinder reagieren. Einige kommen zwei- bis dreimal und sind ganz erfüllt vom Zuschauen. Sie wollen zunächst gar nicht mehr. Häufig sind es dann die Mütter, die ungeduldig darauf drängen, dass das Kind endlich „reitet". Aber vorher muss es bereit sein, mit dem Pony in einen direkten, körperlichen Kontakt zu treten.

Was ist wichtig?

Das Kind will die fremde Umgebung zunächst aus sicherer Distanz erleben.

Das Kind sollte Gelegenheit bekommen, das Pferd in mehreren Lebensbereichen zu beobachten.

Es braucht Zeit, die vielen neuen Eindrücke in sich aufzunehmen.

▬▬ Es muss Fragen stellen dürfen und sicher sein, dass ihm ohne Ungeduld geantwortet wird.

▬▬ Der Erwachsene sollte sich in die Perspektive des Kindes versetzen.

▬▬ Solange das Kind das Pony nur ungern berührt, sollte es auch nicht auf seinen Rücken gehoben werden.

Der erste Kontakt zum Pferd aus der Nähe

Das Kind steht zögernd und etwas hilflos vor dem Pony. Es möchte gerne oben sitzen und „reiten" wie die anderen, aber der Entschluss fällt schwer. Das Pony, das uns Erwachsenen mit seinem Widerrist gerade bis zur Hüfte reicht, besitzt für das dreijährige Kind eine Respekt einflößende Größe. Ihre Scheu verlieren Kinder am ehesten, wenn ihnen Aufgaben gestellt werden. Irgendwo krabbelt immer eine Fliege auf dem Fell herum, die es zu vertreiben gilt. Wenn die kleine Hand erst einmal das weiche, warme Fell berührt hat, ist in den meisten Fällen der Bann gebrochen, die vorsichtige Distanz wird aufgegeben, und der Weg ist frei für den großen Augenblick, zum ersten Mal hoch über der Erde auf einem lebendigen Pferd zu sitzen. Bei selbstbewussten und unerschrockenen Kindern können diese Schritte schnell hintereinander, vielleicht schon in einer Unterrichtsstunde,

möglich sein. Andere Kinder hingegen brauchen mehr Zeit. Für sie ist es wichtig, dabei zu sein, wenn das Pony geputzt wird. Dann können sie sich unverfänglich unter die anderen mischen und, zunächst mit einer Bürste bewaffnet, das Pony an verschiedenen Stellen berühren. Mit diesen Handlungen wird das Pferd dem Kind immer vertrauter, und der Entschluss, auf ihm sitzen zu wollen, folgt dann wie von selbst.

Dort oben auf dem Pony erschließt sich dem Kind eine neue Welt. Es spürt die Wärme, die Form des Tierkörpers mit seinen umschließenden Beinen, es fühlt auch die Vibration der Muskeln. Aus dieser Perspektive treten ganz andere Körperteile in den Vordergrund. Vor dem Kind dehnt sich der lange Hals mit der Mähne, und die Ohren zeigen von hinten die rundum sichernde Bewegung kleiner Radarschirme. Der kleine Reiter ist vollauf damit beschäftigt, diese Vielfalt an neuen Eindrücken in sich aufzunehmen und zu verarbeiten. Lassen wir ihm die Zeit, die er dafür braucht. Fast alle Kinder wollen erst einmal „nur" oben sitzen und haben diesen Wunsch auch häufig noch in der zweiten Stunde, wenn sie nicht von den Erwachsenen gedrängt werden.

Was ist wichtig?

▬▬ Das Pony hat für das Kind eine Respekt einflößende Größe.

▬▬ Das Kind überwindet seine Kontaktscheu am leichtesten anhand motivierender Aufgaben, z. B. Fliegen verscheuchen oder beim Putzen helfen.

▬▬ Das Kind braucht Zeit, seine Eindrücke zu ordnen. Das Pony sollte nicht sofort in Bewegung gesetzt werden.

▬▬ Das Pony sollte ungesattelt, höchstens mit einer festgeschnallten Decke ausgerüstet sein.

Kind und Pferd in erster gemeinsamer Bewegung

Das Kind fühlt sich auf dem Pferderücken nun einigermaßen sicher und möchte wie die anderen der Gruppe reiten. Das Pony wird vorsichtig im Schritt angeführt. Dabei heißt es aufzupassen, denn das Kind kann in diesem Alter noch nicht voraussehen, was jetzt passiert, und ist in seiner körperlichen Reaktion zu langsam, um seinen Schwerpunkt mit dem des Pferdes im Einklang zu halten. Es wird hinter die Bewegung geraten und hilf-

Stützende Hand

los nach hinten kippen, wenn nicht jemand zur Stelle ist, der den Rücken mit der flachen Hand stabilisiert und in den Schwerpunkt zurückschiebt.

In diesem Moment dürfen von Seiten der Unterrichtenden keine Fehler gemacht werden. Es ist wichtig, dem Kind über diesen ersten kleinen Schreck mit ermunternden Worten hinwegzuhelfen. Nach einiger Zeit hat es sich an die ungewohnte Bewegung des Ponys angepasst und überlässt sich gerne den Schaukelbewegungen des Schritt gehenden kleinen Pferdes, wenn es sich in seiner Balancesuche sicher unterstützt fühlt. Kinder lieben den schaukelnden Schritt des Pferdes, er spricht ganz tiefe Zonen in ihnen an.

Es gibt noch die andere Möglichkeit, dass das Kind sich zusammenkauert und sich am Widerrist oder in der Mähne festklammert. Diese Haltung ist für den gewünschten Balancesitz sehr ungünstig und sollte sich keineswegs verfestigen.

Vorsichtige Kinder, die sich nur schwer zu etwas Neuem entschließen können, haben es leichter, wenn ein älteres, bereits sicheres Kind mit ihnen zusammen auf dem Pony sitzt und von hinten stützt.

Sehr häufig entwickelt sich aus dieser Problemlösung ein gemeinsames Gruppenerlebnis. Auch die anderen Kinder wollen plötzlich

Die Mutter ist in der Nähe, das ist wichtig!
Zu zweit auf dem Pony macht es mehr Spaß

das Reiten zu zweit erleben. Sie finden sich bunt durcheinander gewürfelt zu Zweiergruppen zusammen und lernen: „Zu zweit macht es viel Spaß!"

Solche Ideen müssen unbedingt aufgegriffen und, wenn fachlich vertretbar, auch umgesetzt oder im Zweifelsfall umgestaltet werden.

Was ist wichtig?

Das unerfahrene Kind kann auf dem im Schritt gehenden Pferd die Balance nicht alleine halten und benötigt Unterstützung.

Die Schrittbewegung des Pferdes übt eine beruhigende und entspannende Wirkung auf das reitende Kind aus. Angst allerdings wirkt verkrampfend.

Vorsichtige Kinder fassen schneller Mut, wenn ein anderes, sicheres Kind die ersten Male mit ihm zusammen auf dem Pferd sitzt.

Das Reiten zu zweit vermittelt neue Erfahrungen und macht viel Spaß.

Dieses Kind hat noch nicht die richtige Sitzposition gefunden....

Wir können helfen, wenn wir ihm einen großen Ball reichen.

Falsch: Das Kind sollte nicht wie ein Klammeraffe auf dem Pferd hocken.

Der richtige Sitz ist schon jetzt das Ziel

Viele Kinder greifen, wenn sie zum ersten Mal auf einem Pferd sitzen, sichernd in die Mähne und beugen sich dabei mit rundem Rücken nach vorne. Es kann gar nicht genug betont werden, dass die Unterrichtenden gerade für die Kinder dieser Altersstufe eine große Verantwortung für deren körperliche Gesundheit tragen. Der gesamte Knochen- und Sehnenapparat ist noch weich und ungefestigt. Es ist in keiner Hinsicht zu vertreten, wenn Kinder dieser Altersstufe sich wie kleine Klammeraffen mit rundem Rücken am Gurt oder in der Mähne festhalten und in dieser Haltung durchgeschüttelt werden. An diesem Punkt sind Eile und falscher Ehrgeiz aus gesundheitlichen und reiterlichen Gründen völlig unangebracht. Ein Sitz, der aus dieser Haltung heraus seine Anpassung an die Bewegung des Pferdes sucht, wird später viel Mühe erfordern, um die falschen

Auch falsch:
Das Hohlkreuz

Körperreaktionen durch richtige zu ersetzen.

Es geht zunächst einmal darum, das Kind aus seiner gekrümmten Haltung aufzurichten. Mit der Aufforderung „Setz dich gerade hin" kommen wir nicht sehr viel weiter. Das Kind wird sich darum bemühen und als Folge eine verkrampfte Haltung mit festgehaltenem Hohlkreuz auf dem Pferderücken einnehmen.

Bei diesem Problem hat es sich sehr bewährt, dem Kind etwas zu reichen, was es gerne in den Händen halten möchte. Das kann ein schöner bunter Ball oder ein Plüschtier sein. Voraussetzung ist, dass das Pony dabei wirklich stillsteht. Wenn das Kind diesen Gegenstand mit beiden Händen ergreift, muss es zwangsläufig die Mähne loslassen und sich aufrichten. Während es in den folgenden Minuten mit dem Gegenstand beschäftigt ist, wird sein Körper, ihm selber völlig unbewusst, eine ihm gemäße, natürliche

Das Kind fühlt sich schon so weit auf dem Pferderücken sicher, dass es den Ball über dem Kopf halten kann. Der Oberkörper ist aufgerichtet, ohne sich zu verspannen.

Lockerungsübungen auf dem gesattelten Pony können abwechslungsreich gestaltet werden. Sie verhelfen zu mehr Sicherheit und verhindern, dass sich falsche Sitzmuster festigen.

ist auf natürliche Weise gerade und frei von Spannungen. Die Beine liegen locker und einfühlsam am Pferdeleib, die Füße passen sich der Haltung physiologisch richtig an. Es gilt nun, diese natürliche Ungezwungenheit in der Bewegung des Pferdes zu erhalten.

Der weiterführende methodische Weg sieht dann vor, die gleichen Kriterien beim Kind in der Schrittbewegung des Pferdes zu beachten und in ähnlicher Weise zu üben. Einem Kind, dessen Sitz auf dieser Grundlage erarbeitet wird, und bei dem aufkommende hinderliche Spannungen rechtzeitig erkannt und ausgeschaltet werden, wird ein losgelassener Sitz auch bei steigenden Anforderungen weniger Probleme bereiten.

In einem späteren Ausbildungsstadium kann mit älteren Kindern an der Longe die gezielte Arbeit am korrekten Balancesitz fortgesetzt werden. Bei ihnen hat die Ermahnung „Sitz gerade" durchaus Sinn, denn ihr Körper kann mit dieser Basis auf entsprechende Vorerfahrungen zurückgreifen, um die Anordnung in richtiger Weise umzusetzen.

Das Feilen und Arbeiten am Balancesitz zieht sich mit wachsenden und sich ändernden Anforderungen wie ein roter Faden durch alle reiterlichen Stufen. Aber das Fundament wird beim Reitanfänger gelegt.

Haltung auf dem Pferderücken suchen und finden. Das gelingt natürlich nicht von heute auf morgen, und vermutlich wird das Kind den Ball in seiner Unsicherheit bei den ersten Versuchen schnell wieder fallen lassen. Es wird irgendwann vielleicht sogar spitzbübisch feststellen, dass es damit die Erwachsenen beschäftigen kann, und den Ball mutwillig in die Gegend werfen. Das sollte uns nicht verärgern, sondern freuen. Denn einen Ball werfen zu können, setzt voraus, dass das Kind für sich auf dem Pferderücken eine gefestigte Sitzposition auf beiden Gesäßästen gefunden hat. Aus

einem Spaltsitz heraus zu werfen, erweist sich als schwierig. Daraus kann sich ein kleines Spiel entwickeln, bei dem jeder Helfer willkommen ist.

Wenn das Kind ohne stützende Hand in seinem Rücken den Ball sicher mit beiden Händen halten kann, fordern wir es auf, den Ball hoch über seinen Kopf zu heben. Der fachkundige Betreuer wird feststellen, dass das Kind dabei einen im reiterlichen Sinn vorbildlichen Sitz zeigt.

Ohne dass es je darauf hingewiesen wurde, ruht sein Gewicht auf einer breiten Sitzbasis im Schwerpunkt des Pferderückens, die Wirbelsäule

Was ist wichtig?

▰▰▰ Der Unterrichtende trägt eine große Verantwortung für die körperliche Gesundheit der reitenden Kinder.

▰▰▰ Ein Kind, das sich mit rundem Rücken nach vorne gebeugt in der Mähne festhält, gewöhnt sich an einen falschen Sitz.

▰▰▰ Das Kind soll sich aufrichten. Hilfreich sind Spielzeuge (bunter Ball, Plüschtier), die mit beiden Händen gegriffen werden müssen.

▰▰▰ Das Halten eines Balles über dem Kopf verhilft zu einer im reiterlichen Sinn wünschenswerten Sitzhaltung.

▰▰▰ Ausbildungsziel ist der Balancesitz.

Vertrauen

Vertrauen zum Pferd aufbauen

Durch die vorangegangenen Stunden hat das Kind seine anfängliche Scheu weitgehend abgelegt. Es streichelt das Pony jetzt völlig unbefangen, lässt sich hinaufheben und passt sich im Schritt ohne Verkrampfung der Bewegung des Ponys an.

Wenn wir das festgestellt haben, können wir eine kleine Steigerung in unsere Übungsvorschläge einbauen, die das Vertrauen und die Gewöhnung an das Pferd fördern. Wir fordern das Kind auf, sich so umzudrehen, dass es auf den Schweif des Ponys schaut.

Mit konzentriertzer Anstrengung, sicher auf dem zuverlässigen Pony aufgehoben, schwingt das Kind das rechte Bein über den Hals des Pferdes.

Es wäre jetzt falsch, das Kind hochzuheben und umzusetzen. Wir lassen es statt dessen selber „herumkrabbeln" und geben ihm lediglich Hilfestellung, damit es sich sicher fühlt und nicht abrutscht. Jetzt gewinnt es wieder eine neue Perspektive auf dem Pferd. Es sieht statt Mähne und Kopf nun Rücken, Kruppe und Schweif vor sich. Außerdem schaut es gegen die gewohnte Bewegungsrichtung. So selbstverständlich uns Erwachsenen das alles erscheinen mag, für ein Kind sind diese kleinen Änderungen des Geschehens Neuland, und es muss sich erst hineinfinden.

Wenn das Pony zuverlässig ruhig steht, können wir das Kind dazu einladen, auf dem Pony zu „schlafen".

Die sprachliche Formulierung ist dabei wichtig, denn „schlafen" vermittelt die Assoziation von sich ausruhen, wohl fühlen und entspan-

Die Übungsgestaltung und deren Ablauf bleiben ganz dem Kind überlassen. Die Mutter greift erst sichernd ein, als der letzte Teil der Übung die Kräfte überfordert.

Es ist geschafft!
Mutter und Kind freuen sich darüber

nen. Wenn das Kind Vertrauen gefasst hat, liegt es wohlig entspannt auf dem Pferderücken, drückt den Kopf auf die Kruppe und will gar nicht wieder hoch. Wir können nun Fragen stellen: Ob das Fell warm ist, wo es besonders weich ist usw. Damit geben wir Zeit und lenken gleichzeitig die Aufmerksamkeit auf Empfindungen, die der Kontakt zum Pferdekörper vermittelt. In dieser sicheren Kontaktposition, bei der

Arme und Beine zu beiden Seiten des Pferdekörpers herunterbaumeln, können wir das Pony langsam im Schritt anführen. Allerdings müssen wir das vorher ankündigen, damit das Kind sich darauf einstellen kann. Bei vorsichtigen Kindern hilft der sichernde Kontakt zur Mutter, aber erfahrungsgemäß schaukeln sie sich alle bald gemütlich in die Bewegung ein.

In den folgenden Stunden kann diese Übung mit Abänderungen

zwischendurch wieder angeboten werden. Variationen sind möglich, wenn zwei Kinder auf dem Pony sitzen. Sie sitzen dann Rücken an Rücken, das eine legt sich auf den Hals und das andere auf die Kruppe und weiter im Wechsel.

Was ist wichtig?

▬ Das Kind selbst in die neue Position krabbeln lassen. Hilfe nur als Hilfestellung anbieten.

▬ Die Sprachgestaltung ist

Der breite Rücken des Haflingers bietet eine weiche, warme Unterlage. Dieses Kind ist schon so selbständig und auch geübt, dass es sich in dieser Lage auf dem Pferderücken ausbalanciert. Der Haflinger mit seinem energisch abfußenden Schritt verlangt viel Gleichgewichtsempfinden.

wichtig: „Schlafen" suggeriert sich wohl fühlen und entspannen.

██████ Mit der neuen Position zum Pferd erlebt das Kind neue Eindrücke. Fragen können die Eindrücke lenken und vertiefen.

██████ Das Pony – nach Ankündigung – vorsichtig im Schritt anführen, wenn das Kind eine entspannte Haltung eingenommen hat.

██████ Diese Übungsform in den folgenden Stunden mit Variationen anbieten.

Die Angst
vor der Höhe nehmen

Für die Freude am Reiten ist es wichtig, die Angst der Kinder vor der Höhe zu verringern. Das erreichen wir in dieser Altersstufe am ehesten, wenn wir spielerische Übungsformen anbieten, in denen das Heruntergleiten in ein Vergnügen verwandelt wird.

Dabei muss das Pony von einer Helferin an der Trense festgehalten werden. Es sollte jemand sein, der

sich mit Pferden auskennt und merkt, wenn das Pony bei dieser ungewohnten Übungsweise unruhig werden sollte.

Wenn alle Kinder schon einmal im Schritt oder Halten auf dem Pony gesessen haben, können wir ihnen folgende Übung vorschlagen: Aus dem Sitz auf den Pferderücken krabbeln, sich zur Kruppe umdrehen, sich auf die Kruppe des Ponys setzen und über den Schweif nach hinten auf den Boden rutschen.

In dieser labilen Situation ergreift das Kind gerne die sichernde Hand, um anschließend in Hockstellung zugehen.

Eine Helferin sichert das Kind, indem sie es an beiden Unterarmen mit ihren Händen umfasst.

Für Kinder, die die „Rutschpartie" gewagt haben, besteht die nächste Steigerung darin, aus der Hocke und danach aus dem Stand hinunterzuspringen.

Das Gelingen dieser Übung hängt von einem zuverlässig ruhig stehenden Pony und der Vertrauen einflößenden Helferin ab, die die springenden Kinder abfängt. Wenn Kinder ihre Hemmungen erst einmal überwunden haben, wollen sie in den meisten Fällen gar nicht mehr damit aufhören, weil dieser Sprung in die Tiefe, wie beim Schaukeln, einen besonders stimulierenden Reiz auf sie ausübt.

Es genügt, in einer Stunde mit dem Abrutschen zu beginnen und in einer der folgenden den Sprung aus der Hocke und später den Sprung aus dem Stand darauf aufzubauen.

Was ist wichtig?

Die Angst vor der Höhe kann mit spielerischen Übungen verringert werden.

Ausgangspunkt ist das Abrutschen aus dem Sitz über Kruppe und Schweif, später kommen der Absprung aus der Hocke und der Absprung aus dem freien Stand.

Eine pferdekundige Helferin überwacht das Pony, ob es ruhig bleibt.

Von oben nach unten:
Das Kind krabbelt auf die Kruppe des Ponys. Es genügt, daß die Mutter im Hintergrund dabei ist.
Der Blick in die Tiefe kann aus dieser Perspektive recht beängstigend sein, doch das Vertrauen in die Hilfe gibt Mut und der Sprung in die Tiefe wird gewagt.

Eine zweite Helferin fasst das Kind an den Unterarmen und sichert es beim Absprung.

Das Gelingen dieser Übung ist abhängig von dem zuverlässig ruhigen Pony und der Zuversicht ausstrahlenden Helferin.

Das Pferd einmal anders kennen lernen

Die älteren und schon länger in der Gruppe aktiven Kinder kennen sich meistens recht gut aus, wenn es darum geht, die wichtigsten Körperteile eines Pferdes richtig zu benennen und zuzuordnen. Die Jüngeren stehen dabei und hören mit aufmerksamen Gesichtern zu. Bald wissen auch sie, wo Nase, Ohren, Huf, Mähne usw. am Pferd zu finden sind. Wenn sie diese einfachen Grundkenntnisse beherrschen, kann daraus ein kleines geheimnisvolles Spiel gestaltet werden. Das ganze Abfragen bekommt eine völlig andere Dimension, wenn nur noch der Tastsinn für die Information zur Verfügung steht und die Kinder sich mit ver-

bundenen Augen am Pferd und seinen Körperteilen orientieren sollen.

Bei dieser spannenden Übung sind alle mit Begeisterung dabei, z. B. die Ohren zu befühlen, zu „begreifen", dass sie spitz und beweglich, innen mit weichen Schutzhaaren ausgekleidet sind. Die feinen Tasthaare am Kinn des Ponys, die bisher nicht wahrgenommen wurden, werden jetzt plötzlich bemerkt. Scheue Kinder, die den Pferdekörper vorzugsweise nur mit den Fingerkuppen berühren, tasten nun mit der Handfläche, weil sie ohne Hilfe der Augen auf die Informationsleistung der ganzen Hand angewiesen sind.

Diese Übung eignet sich sehr gut für eine kleine Abwechslung zwischendurch. Sie bringt neue, andere Erfahrungen über das Pferd und macht auch den älteren Kindern viel Spaß.

Was ist wichtig?

Auch die kleinen Kinder können bereits lernen, die wichtigsten Körperteile des Pferdes zu benennen und zuzuordnen.

Mit verbundenen Augen sind es ganz andere, unmittelbare Informationen, die Kinder mit ihrem Tastsinn aufnehmen.

Besonders für beim Körperkontakt scheue Kinder, die ungern andere anfassen, ist diese

Es gehört sehr viel Vertrauen und Mut dazu, sich mit verbundenen Augen dem „großen" Pony zu nähern. Die Unterstützung durch die Mutter hilft über die Anfangsschwierigkeiten hinweg.
Der Bann ist gebrochen. Das Kind geht allein auf „Entdeckungsreise".
Interessant ist dabei der Gesichtsausdruck des Ponys. Voller Aufmerksamkeit und ruhiger Gelassenheit ist es dem Kind zugewandt.

41

Übung sehr wertvoll, weil sie dabei die ganze Handfläche für die Informationen brauchen.

Auf die Bewegung konzentrieren

Genau wie Hände ohne Hilfe der Augen sehr viel intensiver fühlen, so konzentriert sich auch der Körper viel intensiver auf das Erspüren von Bewegung, wenn die Außenreize wegfallen. Es geht darum, mit verbundenen Augen auf dem Pony zu sitzen, das von einer Helferin im Schritt geführt wird.

Diese Übung ist aber in erster Linie für die bereits Geübteren dieser Gruppe vorgesehen. Wir haben sie den Kindern als „Reiten in der Geisterbahn" angeboten und damit erreicht, dass sie sich herausgefordert fühlten, das kleine Abenteuer zu wagen. Allerdings muss die Unterrichtende aufpassen und besonders jene Kinder, die dazu neigen, sich zu überfordern, ein bisschen vor sich selber schützen. Es hat sich sehr bewährt, wenn die Mutter oder die Lehrkraft das Kind begleitet und sich mit ihm dabei unterhält. Sie kann fragen, an welchem Punkt der Halle oder des Platzes es glaubt gerade zu sein, wie es sich fühlt, ob es die Bewegung des Ponys spürt etc. Jene Kinder, die der „Ritt im Dunklen" psychisch überfordert, fühlen sich verstanden und unterstützt, wenn ihnen das „Reiten zu zweit" mit einer Freundin

Es ist ein fremdes Gefühl, sich „blind" der Bewegung des Ponys zu überlassen.

oder einem anderen sicheren Kind angeboten wird, das dann keine Augenbinde trägt.

Es sollte aber auf keinen Fall dazu gedrängt werden. Jene Kinder, die sich beim ersten Mal nicht trauen und in Ruhe gelassen werden, melden sich sicher beim zweiten oder dritten Mal von selbst dazu an. Solche Übungen sind kleine Highlights, die, richtig gestaltet, den Kindern viel Spaß machen, ihr Selbstvertrauen fördern und darü-

ber hinaus wertvolle Vorerfahrungen liefern. Dem Kind wird eine neue Tür zu unbekanntem Fühlen geöffnet, die später dem fortgeschrittenen Reiter zugute kommt. Die Sensibilisierung für das Erspüren der Bewegung des Ponys mit dem eigenen Körper, wie es hier mit der Wahrnehmung der Schrittbewegung geübt wird, ist eine Voraussetzung für richtig platzierte Hilfengebung in einem späteren Ausbildungsstadium.

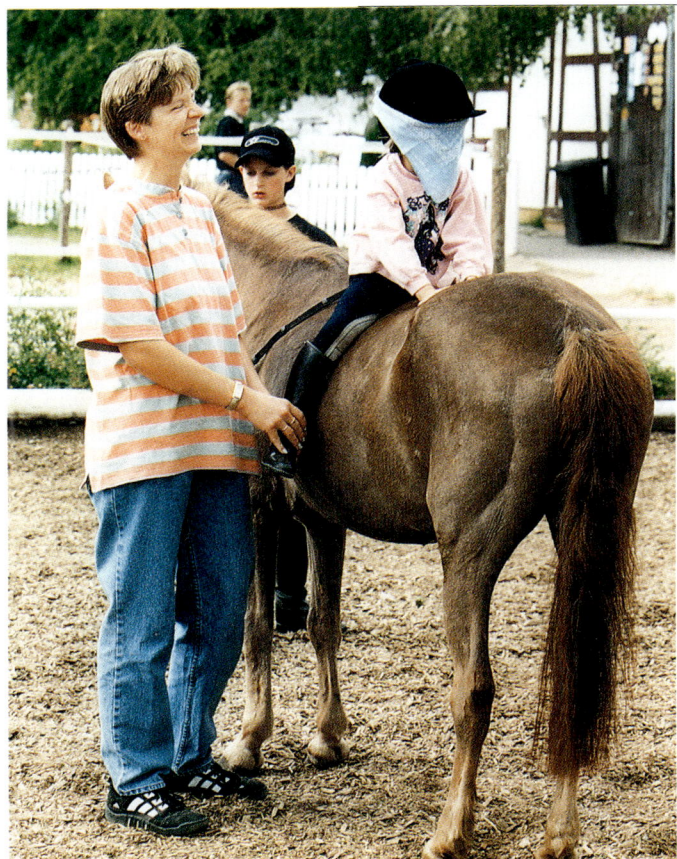

In Begleitung der Mutter macht das Kind auch bei dieser Übung mit.

Was ist wichtig?

▬ Das Reiten mit verbundenen Augen auf einem im Schritt geführten Pony ist eine gute Übung zur Wahrnehmung der Bewegung.

▬ Die Unterrichtende sollte das Kind dabei nicht allein lassen, sondern es begleiten und mit ihm sprechen.

▬ Kinder, die sich diese Übung nicht zutrauen, keinesfalls bedrängen, sondern abwarten, bis sie sich beim nächsten Mal selbst anmelden.

▬ Das „Reiten zu zweit" kann eine psychische Unterstützung sein.

▬ Die Sensibilisierung für die Bewegung des Pferdes kommt den nachfolgenden reiterlichen Ausbildungsabschnitten zugute.

Selbstüberwindung üben

Alle bisher beschriebenen Übungen waren nur mit einem kinderfreundlichen, absolut geduldigen Pony durchführbar. Nach der Übung wird es mit einigen Leckerbissen von den Kindern belohnt. Zuerst muss den Kindern gezeigt werden, wie man das richtig macht. Die Ausbilderin legt das „Leckerli" auf ihre flache Hand und reicht es dem Pony. Das sieht für die Kinder sehr unkompliziert aus, und sie versuchen es nachzumachen. Aber wenn sich das Pferdemaul hoffnungsvoll nähert und die behaarten Lippen sich öffnen, wird die Hand meist ängstlich zurückgezogen, und der Leckerbissen landet auf dem Boden.

Wenn es nach einigen Versuchen immer noch nicht gelingt, muss geholfen werden. Entweder die Mutter des Kindes oder die Lehrerin legt ihre Hand unter die des Kindes, während es den Leckerbissen auf seiner flachen Hand hält. Man sieht es den Kindern an, welche Überwindung es sie die ersten Male kostet, still zu halten, wenn sich das Pony vorsichtig das „Leckerli" holt. Ihre Überwindung wird noch mehr gefordert, wenn das Pferdemaul feucht wird und der Speichel in froher Erwartung reichlich tropft. Sie müssen dann ihre ganze Kraft aufbieten, um die Abwehr und den inneren Widerwillen zu überwinden. Aber sie haben gelernt, wie

Pferde fachgerecht aus der Hand gefüttert werden, und erlebten dabei die offensichtliche Freude des Ponys. Das ist für Kinder eine wichtige Erfahrung.

Was ist wichtig?

Kinder müssen lernen, dass ein Pony Beachtung und Zuwendung braucht.

Das fachgerechte Füttern aus der Hand muss genau vorgemacht werden.

Wenn die Angst zu groß ist, hilft es, wenn die Mutter oder die Lehrerin ihre Hand unter die des Kindes legt.

Das Erlebnis, Freude bereitet zu haben, bereichert die Kinder.

Balance

Förderung von Balance und Gleichgewicht auf dem Pferd

Das fünfjährige Kind wird bei konsequentem Unterricht seine Sicherheit auf dem Pferderücken so weit entwickelt haben, dass es im Schritt an der Longe ohne fremde Unterstützung auskommt. Das Kreisen der Arme wie Mühlenflügel, das Berühren der Fußspitzen (rechte Hand – rechte Fußspitze; linke Hand – linke Fußspitze und das Gleiche über Kreuz) sind die gängigen Übungen, um Eintönigkeit zu vermeiden und die Losgelassenheit des Sitzes zu fördern. Aber dabei allein muss es nicht bleiben. Mit dem

Das kleine Mädchen hat tapfer ausgehalten, bis das Stück Brot vom Pony aus seiner Hand genommen wurde. Die Gesichter der beiden Kinder zeigen die Anspannung, obwohl die Mutter ganz nahe ist und die Hand des Kindes stützt.

Einsatz des Balles können viele unterhaltsame Variationen entwickelt werden, die dem Kind mit neuen Aufgabenstellungen zu einer Erweiterung seiner Bewegungserfahrung verhelfen und seine Sicherheit auf dem Pferd erhöhen. Unbedingt sollte aber das Pony vorher an fliegende und kullernde Bälle in seiner unmittelbaren Nähe gewöhnt werden.

Folgende Übung hat sich bewährt: Das Kind sitzt auf dem gesattelten Pferd, das sich an der Longe in ruhigem Schritt bewegt, und hält einen mittelgroßen, gut griffigen Ball (Hand- oder Fußball) in den Händen. Es bekommt die Aufgabe, den Ball über seinen Körper zu rollen. Bei den ersten Malen muss dem Kind mit einer Beschreibung des Weges geholfen werden:

Die Veränderung der Größe, Schwere und Oberflächenstruktur des Balles bedeutet eine Veränderung der Situation und stellt für das Kind immer wieder eine neue Aufgabe dar.

„Halte den Ball mit beiden Händen vor deinem Bauch und rolle ihn dann mit der linken Hand über den Rücken zur rechten Seite und übernimm ihn dort mit der rechten Hand.

Rolle ihn über die Brust hoch zu deiner rechten Schulter und von dort über den Nacken zur linken Schulter, wo die linke Hand ihn wieder zum Bauch zurückrollt."

Wenn das Kind seine Unsicherheit durch eckige, stockende Bewegungen zu erkennen gibt oder vielleicht sogar aus dem Gleichgewicht gerät, genügt es, zunächst den Ball nur auf den Oberschenkeln hin- und herrollen zu lassen oder die Übung im Halten erst einmal auszuprobieren. Besonders geschickte und geübte Kinder, die an der Longe

im Trab bereits einigermaßen sicher sind, können Teile dieser Übung auch im Trab versuchen.

Mit einem kleinen Ball (Tennisball) finden auch jüngere Kinder ein Übungsfeld, wenn eine Helferin das Pony an der Trense führt. Erst wird im Halten und dann in der Schrittbewegung je nach den individuellen Möglichkeiten des Kindes geübt. Eine Variation für die Fünf- und

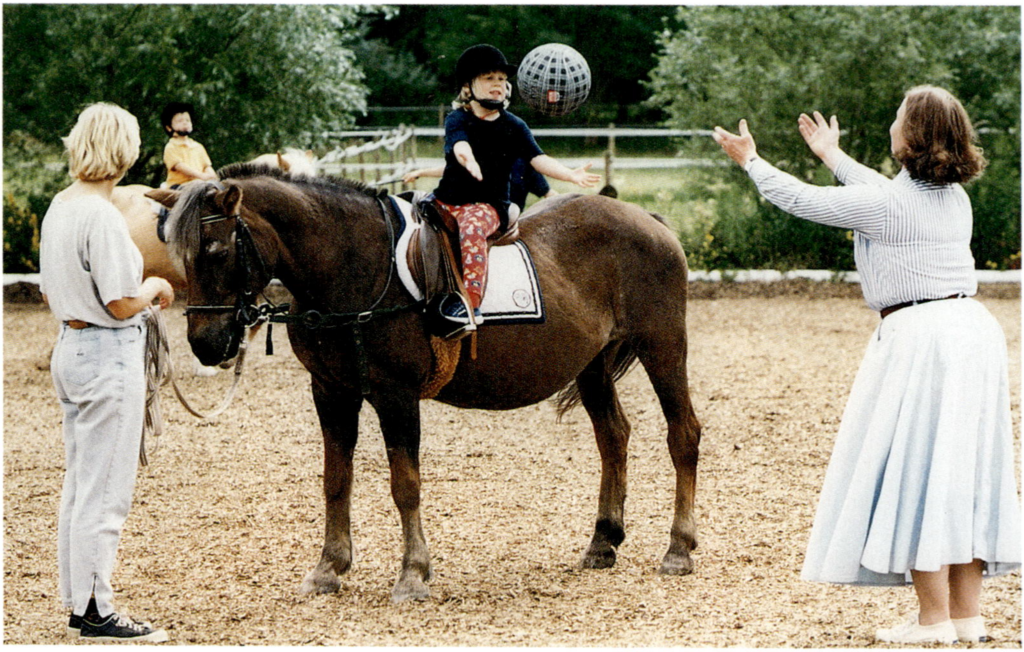

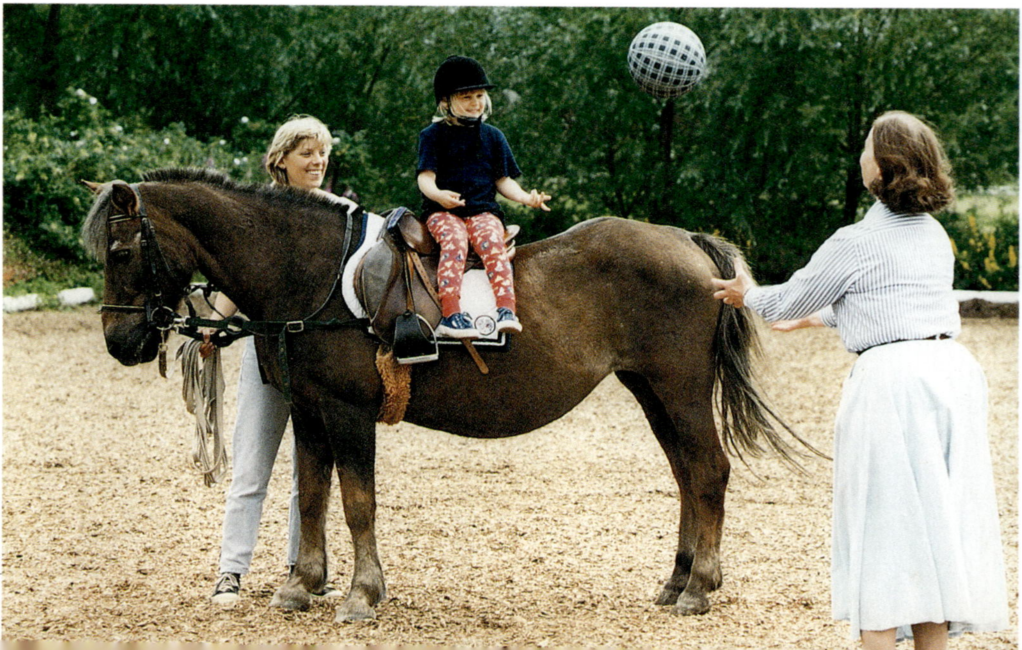

Dieses Kind ist für sein Alter schon sehr geschickt und im Umgang mit dem Ball sicher, während es in verschiedenen Positionen auf dem Pferd sitzt.

Wichtig ist, mit dem Bekannten zu beginnen, d.h. zuerst aus dem gewohnten Vorwärtssitz, um dann die Schwierigkeit langsam, dem Können des Kindes angemessen, zu steigern.

Hier wird gezeigt, wie mit den Zügeln auf das Pferdemaul eingewirkt wird: indem ein Helfer die Trense auf dem Kopf trägt und die Zugkraft der Zügelführung kontrolliert.

die wechselnden Flugkurven der Bälle, die Geschicklichkeit und Elastizität fördern. Später ist diese Elastizität auch ein wichtiges Kapital, wenn es darum geht, den unerwarteten Satz eines Pferdes auszugleichen oder präzise Hilfen zu geben.

Was ist wichtig?

▬▬▬ Übungen mit Bällen sind sehr gut geeignet, Balance und Gleichgewicht auf dem Pferd zu festigen.

▬▬▬ Vorbedingung für diese Übungen ist die Gewöhnung des Ponys an fliegende und kullernde Bälle in seiner unmittelbaren Nähe.

▬▬▬ Die beschriebenen Übungen sind nur als Beispiele zu verstehen und sollten durch eigene, situationsbezogene Ideen ergänzt werden.

▬▬▬ Die Anforderungen, mehrere Bewegungsreaktionen gleichzeitig zu aktivieren, haben einen gesteigerten Übungseffekt, der die Anpassungsfähigkeit des Körpers übt. Aber erst das fünfjährige Kind bringt die notwendigen motorischen Voraussetzungen für diese Art der Übungen mit.

Leichttraben lernen – eine Suche nach Harmonie

Das Pferd hat drei Grundgangarten, die alle ihren eigenen und unverkennbaren Rhythmus haben. Vermutlich hat das Kind bisher

Sechsjährigen: Ein Ball oder je nach Geschicklichkeit auch mehrere Bälle werden dem Reiter nacheinander zugeworfen, die der seinerseits einer bereitstehenden Helferin wieder zurückwirft. Wenn einige Mütter mitmachen, kann daraus ein lebhaftes Spiel von individuell anpassbaren Fang- und Wurfübungen gestaltet werden. Werfen und Fangen ist aus allen Sitzpositionen (vorwärts, rückwärts, seitlich), aus dem Halten und aus der Bewegung heraus möglich. Diese Übungen verlangen von den Kindern die Fähigkeit, ihre Aufmerksamkeit mehreren Dingen zur

gleichen Zeit zuzuwenden. Die Kinder müssen auf die Bewegungen des Pferdes mit entsprechenden Bewegungsreaktionen des eigenen Körpers antworten und zugleich den Ball, der seinerseits ganz andere Reaktionen erfordert, in das Bewegungskonzept mit einbauen. Das ist eine intensive Übung für die Koordinationsfähigkeit. Das Spiel mit dem Ball schult außerdem sowohl die Reaktionsfähigkeit als auch den Gleichgewichtssinn und macht den Körper an viele Bewegungssituationen anpassungsfähig. In dieser Ausbildungsstufe sind es

davon noch nicht viel bemerkt. Das ändert sich, wenn es zum ersten Mal „leichttraben" soll. Da heißt es dann, sich im rhythmischen Ablauf der Trabbewegung des Pferdes im Sattel auf- und niederzuschwingen. Der Zweitakt des Trabes mit seiner diagonalen Fußfolge zwingt das Kind zu einer rhythmisierenden Anpassung der eigenen Bewegung an die des Pferdes. Es muss beim Leichttraben den Abstoßimpuls des abfußenden Hinterfußes aufnehmen, in den Steigbügeln abfedern und sich aus dem Sattel in die Höhe tragen lassen, um dann auf dem anderen Hinterbein wieder einzusitzen. Bei dieser komplexen Bewegungsfolge können wir dem Kind nur indirekt helfen. Wir geben ihm einen Riemen, der mit dem Sattel oder Pferdehals, aber keinesfalls mit dem Pferdemaul verbunden ist, zum Festhalten und Hochziehen in die Hand. Wir haben die Aufgabe erklärt und zur Vorübung die Auf- und Niederbewegung im Halten und im Schritt ausführen lassen. Wir sorgen jetzt dafür, dass das Pferd gleichmäßig und ruhig trabt. Nun ist wichtig, den Rhythmus des Pferdes mit dem eigenen Körper zu suchen und nachzuvollziehen. Die fünf- und sechsjährigen Kinder, deren Bewegungsapparat gefestigter und deren Bewegungserfahrung ausgereifter sind, als das bei jüngeren Kindern der Fall ist, werden eher zu Erfolgserlebnissen kommen. Die Jüngeren müssen sich häufig richtig plagen, ihr Gleichgewicht mit der schnelleren Gangart des Pferdes im Einklang zu halten und gleichzeitig dafür zu sorgen, nicht aus dem Rhythmus geschüttelt zu werden. Es frustriert die Kinder sehr, wenn diese Aufgabe zu früh an sie herangetragen wird. Kinder unter fünf Jahren stehen der Anforderung, Bewegungskombinationen zu bewältigen, oft recht hilflos gegenüber. Wenn sie aber die motorische Reife haben, um den „Dreh" herauszufinden, erleben sie das schöne Gefühl für das Zusammenspiel verschiedener Bewegungen.

Entscheidend für den Erfolg ist nicht die Länge der Übungszeit, sondern die wiederholt und häufig angebotene Übungsmöglichkeit.

Was ist wichtig?

Beim Leichttraben wird das Kind mit dem Rhythmus des Pferdes konfrontiert und muss seine

Dieses Kind hat die Zügel korrekt aufgenommen. Die kleinen Hände gehen noch etwas unsicher mit dem neuen „Werkzeug" um. Zu diesem Zeitpunkt orientiert sich das Pony noch weitgehen an der Führleine. Die Ausgangsbasis für eine spätere Teilnahme an der Führzügelklasse auf einem Turnier ist gelegt.

Bewegungen mit denen des Pferdes abstimmen.

 Hilfe für das Erlernen des Leichttrabens ist indirekt möglich. Ein Halteriemen, der nicht mit dem Pferdemaul verbunden ist, erleichtert und stabilisiert die Bewegungsanpassung.

 Das Pferd an der Longe muss gleichmäßig und ruhig traben.

 Das Leichttraben ist eine komplexe Bewegungsfolge, mit der jüngere Kinder reifungsbedingt noch Probleme haben.

 Leichttraben „können" vermittelt das Gefühl von Rhythmus und Harmonie.

Der vorsichtige Weg in die Selbstständigkeit

Alle Übungen sind Vorübungen mit dem Ziel, das Pony selbst zu lenken. Die Selbstständigkeit beim Reiten setzt zwei Dinge voraus: Dem Pferd durch Einwirkung des eigenen Körpers, also den Hilfen, klarzumachen, wohin es gehen soll – und sich durchzusetzen, wenn es nicht dorthin geht, wohin es soll. Das klingt sehr einfach, aber es sind noch viele Lernschritte notwendig, bis es so weit ist.

In der Regel ist den Fünf- und Sechsjährigen schon einmal erklärt worden, wie sie die Zügel richtig in der Hand halten müssen. Die Ausbilderin hat es vorgemacht und den Kindern die Zügel so in der Hand geordnet, dass sie zwischen Ring- und kleinem Finger hindurchlaufen und über den Zeigefinger die Hand wieder verlassen.

Der Druck des Daumens fixiert die Länge der Zügel. Diese Art, Zügel zu halten, ist im Grunde unkindgemäß: Kinder haben meistens Schwierigkeiten, sich diesem vorgegebenen Schema anzupassen. Aber mit der Zeit und bei beharrlicher und freundlicher Korrektur wird ihnen diese ungewohnte Handhaltung vertrauter. Die Zügel zu führen und sie richtunggebend einzusetzen, ist jedenfalls eine der Grundvoraussetzungen für die ersten kleinen Schritte in die reiterliche Selbstständigkeit.

Das Pony wird dafür an einer langen, dünnen, aber reißfesten Leine (die Longe ist dafür etwas zu schwer) von der Lehrerin oder einer Helferin gesichert.

Die Leine hängt leicht durch, so dass das Kind „alleine" reitet. Die Helferin bleibt in unmittelbarer Nähe, damit sie jederzeit eingreifen

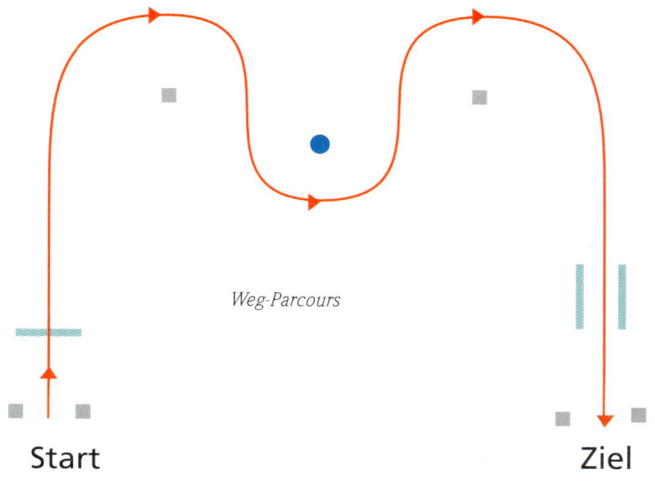

Stange
Tonne
Hindernis-Ständer
Schritt
Richtung

Weg-Parcours

Start

Ziel

kann, wenn die Situation außer Kontrolle gerät, weil die Zügel aus der Hand gerutscht sind oder das Pony jetzt „seine" Selbstständigkeit gewinnen möchte. Das Ziel ist, dem Kind Sicherheit zu geben und gleichzeitig Handlungsfreiheit zu ermöglichen. Es werden einige Unterrichts-stunden vergehen, bis das Kind mit dieser neuen Aufgabe einigermaßen zurechtkommt. Es muss sich mit seiner „Hilfen-gebung" erst langsam an die Reaktionen des Ponys herantasten und gleichzeitig auf mehreren Ebenen handeln. Das erfordert viel Konzentration und kann auch frustrierend sein, wenn das Pony stehen bleibt, weil die treibenden Einwirkungen zu schwach sind. In solchen Momenten kann die Helferin unterstützend eingreifen.

Diese „Ausflüge" in die Selbstständigkeit dürfen deshalb nicht zu lange ausgedehnt werden, sollten aber für die fortgeschrittenen Kinder dieser Gruppe häufiger Bestandteil des Unterrichtes werden. Es bedeutet für die Kinder bereits eine große Steigerung der Anforderung, wenn sie vorher ankündigen sollen, welchen Weg sie sich vornehmen. Die Planung einer Wendung nach links oder rechts zwingt die erforderlichen Handlungen in eine Reihenfolge, die sich dann nicht mehr an der günstigen Situation orientiert, sondern der Wegplanung untergeordnet ist.

Dieses Paar bestimmt seinen Weg bereits allein. Auf dieser reiterlichen Grundlage und der sichtbaren Vertrautheit mit dem Pony ist die Teilnahme an der Führzügelklasse möglich.

Wenn diese Grundlagen einer ersten Selbstständigkeit einigermaßen gesichert sind, kann die Ausbildung mit dem Aufbau eines kleinen Parcours, wo Stangen oder Tonnen in einer Reihenfolge zu umreiten sind, fortgesetzt werden. Dieser Weg in Richtung Selbstständigkeit muss in kleinen Schritten weitergegangen werden,

wobei sich das Geschick der Unterrichtenden darin zeigt, den schmalen Grat zwischen Über- und Unterforderung für jedes Kind individuell zu finden.

Was ist wichtig?

Selbstständigkeit beim Reiten setzt voraus, dem Pferd klarmachen zu können, wohin es

So kann der Aufbruch zur ersten gemeinsamen Wanderung aussehen. Allerdings sollten die Kinder mit einer Reitkappe ausgerüstet sein.

gehen soll, und sich dabei durchzusetzen.

▬▬▬▬ Das Pferd muss dabei durch eine lange, reißfeste, aber leichte Leine gesichert sein.

▬▬▬▬ Selbstständig reiten erfordert viel Konzentration und stellt das Kind vor neue Aufgaben. Diese Übung sollte zeitlich nicht zu lang ausgedehnt, aber für die geübteren Kinder häufig in die Unterrichtsstunde eingebaut werden.

▬▬▬▬ Wenn die Grundlage einigermaßen gesichert ist, sind Steigerungen möglich, etwa den Weg planen und vorher ankündigen oder den Weg vorgeben, indem Stangen oder Tore in Form eines kleinen Parcours zu umreiten sind.

▬▬▬▬ Das individuelle Maß für jedes Kind finden.

Der Abschluss muss gefeiert werden

Für diese Altersgruppe ist nun der Ausbildungsabschnitt beendet. Alle Kinder haben viele Erfahrungen rund um das Pferd gesammelt und sind auf mehreren Ebenen mit ihm vertraut. Die Älteren sind in ihrer Sicherheit im Umgang mit und auf dem Pferd so weit fortgeschritten, dass der nächste Ausbildungsabschnitt mit neuen Zielen und Anforderungen beginnen kann.

Das Ende dieses Abschnittes sollte für alle mit einer „besonderen" Reitstunde zu einem schönen Erlebnis gemacht werden. Über die Ausgestaltung können sich die Ausbilderin, Mütter und natürlich auch die Kinder vorher Gedanken machen und Pläne schmieden. Je nach Lage des Reitstalles bietet sich

bei schönem Wetter vielleicht eine kleine Wanderung mit den Ponys zu einem Rastplatz mit einem Picknick an. Jeder ist aufgefordert, dafür ein kleines Schmankerl mitzubringen. Die Ponys werden von den Müttern oder engagierten Helferinnen geführt und die Kinder können abwechselnd auf den Ponys sitzen. Das ist dann ein Vorgeschmack, welch schönes Erlebnis ein Ausritt sein kann, wenn eigenes Können und Wissen einen Standard erreicht haben, der das notwendige Maß an Sicherheit garantiert.

Auch dort, wo die Umgebung keine naturnahen Erlebnisse zulässt, kann ein Grillfest mit Spielen den Kindern als schöner Tag in Erinnerung bleiben.

Auf jeden Fall sollte es einen Abschluss geben, der in Zusammenhang mit einem besonderen Erlebnis für die Kinder steht.

Der Anfang ist gemacht, aber wie geht es weiter?

Bevor sich die Gruppe auflöst, liegt es nahe, einmal Bilanz darüber zu ziehen, was hier geschehen ist.

Für den Unterricht wurde eine breite Auswahl an verschiedenartigen Übungen vorgestellt, die in ihrer Abfolge einen methodischen Weg aufzeigen, der die Kinder behutsam in die Materie einführt und sie auf den unterschiedlichen Ebenen fördert. Ein Reitunterricht auf dieser Basis geht über die Vermittlung reiner Techniken hinaus und trägt der Erkenntnis Rechnung, dass jeder Organismus als ein ganzheitliches Gefüge angesehen werden muss, bei dem das Üben in einem Bereich auch die Fähigkeiten in anderen Bereichen günstig beeinflusst. Hier wurden nach pädagogischen Gesichtspunkten wichtige Grunderfahrungen rund um das Pferd erarbeitet, wobei die Psyche des Kindes dieser Altersstufe bei den Überlegungen immer richtungweisend im Vordergrund stand. Die Kinder wurden soweit möglich vor allen unliebsamen Erfahrungen geschützt. Das Bemühen, ihnen ängstigende Erlebnisse zu ersparen, zog sich wie ein roter Faden durch das Programm. Dennoch standen sie im Rahmen ihrer körperlichen und psychi-

Das kleine Mädchen fühlt sich auf dem Pony und im Schutz der beiden Helfer sehr wohl.

schen Kräfte immer wieder vor neuen Aufgaben.

Der folgende Ausbildungsabschnitt wird andere Aufgaben für diejenigen bereithalten, deren Fertigkeiten ein bestimmtes Maß erreicht haben. Der Zeitpunkt des Übertritts in die nächste Gruppe sollte daher nicht allein nach dem Alter, sondern auch fachlich nach dem Können der Kinder entschieden werden. Die Arbeit in der Anschlussgruppe setzt als Fundament die bisher besprochene reiterliche Basis voraus.

Reitkurs Teil 2

Theorie und Praxis

Im Alter zwischen sechs und zehn kommt dem Unterrichtenden die große motorische Lernbereitschaft der Kinder sehr entgegen. Es gilt, diese kostbare Zeit bewusst für die reiterliche Ausbildung zu nutzen und den Kindern angemessen fördernde und fordernde Bewegungsaufgaben mit und auf dem Pferd zu stellen.

Diese schwierige Aufgabe ist nur gemeinsam zu bewältigen; einer muss dem anderen helfen, damit es klappt. Kinder handeln selbstständig und lernen dabei ihre Möglichkeiten und auch Grenzen kennen.

Reitunterricht für die Sechs- bis Zehnjährigen

In dieser Altersgruppe kann der Unterricht schon auf erste reiterliche Erfahrungen aufbauen. „Neuankömmlinge" sollten diese Voraussetzungen, wenn auch noch mit kleinen Abstrichen, erfüllen. Als Ausgangsbasis und Beurteilungskriterium der Eignung für diese Anschlussgruppe können Fertigkeiten im Leichttraben und selbstständigen Handeln auf dem gesicherten Pony dienen. Im Leichttraben sollte das Kind mit Unterstützung des Halteriemens in der Lage sein, sich der rhythmischen Trabbewegung des Ponys über mehrere Sequenzen hinweg ohne Störung anzupassen. Beim selbstständigen Reiten an der sichernden Langleine ist ein Weg-Parcours, der einige großbögige Wendungen verlangt, im Schritt zu bewältigen, ohne dass dabei die Zügel aus der Kontrolle geraten.

Von dieser reiterlichen Grundlage ausgehend, lässt sich die Zielsetzung für den jetzt folgenden Ausbildungsabschnitt umreißen. Wir sollten uns aber vorher darüber Klarheit verschaffen, welche körperlichen und psychischen Anforderungen in dieser Altersstufe möglich sind.

Diese beiden Mädchen sitzen losgelassen und souverän auf ihren Ponys.
Von einer solchen gefestigten Basis aus bereitet die weiterführende Ausbildung keine Probleme.

Theoretische Grundlagen und Fragestellungen

Kinder dieser Altersstufe sind Bewegungskünstler

Nun beginnt eine „goldene" Zeit für das Lernen von Bewegungsabläufen. Spätestens mit der einsetzenden Pubertät findet diese besonders ausgeprägte Lernfähigkeit ein vorläufiges Ende. Die Kinder werden zunehmend geschickter in der Ausführung von Bewegungskombinationen, wie sie z. B. bei der Hilfengebung, dem variierenden Einsatz in der Zügelführung oder der verlagernden Gewichtseinwirkung bei gleichzeitiger Veränderung der Schenkellage beim Angaloppieren verlangt wird. Sie werden sicherer in der Stabilisierung ihres Gleichgewichts und der Fähigkeit, sich den wechselnden Grundgangarten des Pferdes anzupassen. Das wachsende Gefühl für rhythmische Bewegungsabläufe begünstigt die Harmonie von Kind und Pferd beim Leichttraben. Das Traben über Cavaletti, wobei das Pferd verstärkt abfußt, kann hier als Steigerung angeboten werden. Kinder in diesem Alter wollen sich und ihr Geschick erproben, d. h., „nur" beschützen ist nicht mehr angesagt.

Sie verlangen nach sportlichen Leistungsanforderungen, die ihren Bewegungshunger befriedigen und

Den Gesichtern der Kinder ist die Konzentration und auch Anstrengung anzusehen, die diese Übung ihnen abverlangt. Mit engagierter Fürsorge sichert das Mädchen vom Boden aus das stehende Kind auf dem Pony. Das Pferd war ein wichtiger Partner bei dieser gemeinsamen Aktion. Mit großer Ruhe und Gelassenheit ließ es alles geschehen.

Mut herausfordern, die aber die augenblicklichen Fähigkeiten, vor allem im Hinblick auf die Sicherheit, nicht überfordern dürfen. Denkbar wäre in diesem Zusammenhang die Einübung kleiner Sprünge mit

Entlastungssitz über Cavaletti an der Longe.

Eingebaute Wettkampfspiele rund um das Pferd sorgen für Lebendigkeit und kanalisieren überschüssige Energie – also eine gute Zeit,

Alle Kinder sind voll bei der Sache, und jedes hat eine Aufgabe. Der Junge mit dem roten Becher in der Hand wird locker und geschmeidig auf dem Pony sitzen müssen, damit er das Wasser auf dem Weg zum Ziel nicht verliert.

die in verantwortlicher Planung genutzt werden sollte. Wobei die Verantwortung nicht nur die körperliche Sicherheit, sondern auch einen rücksichtsvollen Umgang mit der Psyche des Kindes einschließt.

Was ist wichtig?

Kinder dieser Altersstufe besitzen eine große motorische Lernbereitschaft.

Sie wollen ihr Geschick erproben und verlangen Aufgaben, an denen sie sich messen können.

Sie haben ein ausgeprägtes Bewegungsbedürfnis und lieben Wettkampfspiele als Ventil für den Energieüberschuss.

Die Verantwortung des Ausbilders umfasst neben der körperlichen Sicherheit auch den rücksichtsvollen Umgang mit der Psyche des Kindes.

Angst ist ein ernstes Thema

Angst ist in der Reiterei weitgehend ein Tabuthema. Besonders im Umfeld der sportlich orientierten Reiterei ist Angst nicht gesellschaftsfähig und darf möglichst nicht sichtbar werden. Bricht sie dennoch bei irgendeiner Gelegenheit aus, weil das Kind sich dem Pferd hilflos ausgeliefert fühlt, wird sie schnell mit einer beiläufigen Bemerkung übergangen oder als reiterliche „Entgleisung" abgetan. In Einstiegswettkämpfen starten nicht selten Kinder, die sich kurz vor dem obligatorischen Grüßen noch schnell die Tränen aus den Augenwinkeln wischen. Oft ist in

Dieses unbeschwerte und dennoch konzentrierte Reiten zu mehreren auf engem Raum ist nur in einer angstfreien Atmosphäre möglich.

solchen Fällen schon auf dem Vorbereitungsplatz einiges schief gegangen. Ein Schlammstreifen auf Hose und Jacke erzählt genug. Das Gefühl, auf dem Pferd nicht sicher und dem Geschehen nicht gewachsen zu sein, löst Ängste aus, die den Körper und die Psyche belasten. Vom spannungsgeladenen Rücken eines Pferdes aus dem Sattel durch die Luft katapultiert zu werden, um dann unsanft auf dem Boden zu landen, ist kein ermutigendes Erlebnis. In der Prüfung soll es aber nun klappen. Forsche Ermunterungen von Seiten der Helfer wie „Pack ihn nur ordentlich an!" zeigen das Unverständnis angesichts der Geschehnisse.

Angst ist ein berechtigter Schutzmechanismus des Menschen. Sie tritt auf, wenn eine Situation als bedrohlich eingeschätzt wird, weil die zur Verfügung stehenden Möglichkeiten nicht ausreichen, die Gefahr zu beherrschen. Für das reitende Kind heißt das, dass sein Handlungsspielraum, seine Erfah-

rungswerte im Umgang mit dem betreffenden Pferd und der Situation noch zu begrenzt sind, um in der richtigen Weise reagieren zu können. Erwachsene sehen das häufig wesentlich lockerer und reagieren, ohne die Empfindungen des Kindes nachzuvollziehen. Es ist sportpsychologisch erwiesen, dass Angst in der Ausstrahlung auf Körper und Psyche den freien Fluss der Bewegungskoordination hemmt. Vorhandene Bewegungsunsicherheiten werden mit zuneh-

Unbeschwertes Reiten.

mender Angst mehr und mehr verstärkt. Eine Zeitlang spielt das Kind seine Rolle in diesem Teufelskreis noch weiter mit, denn es möchte ja seine Eltern oder Betreuer nicht enttäuschen. Wenn sich aber solche Erlebnisse wiederholen, sträubt sich der Körper gegen solche Erfahrungen, die elementare Bedürfnisse nach Sicherheit gefährden. Er kündigt die Bereitschaft zur Mitarbeit auf. Man erlebt dann Kinder, denen auf dem Pferd nichts mehr gelingt, die hilflos, verängstigt und ver-

krampft im Sattel hocken. Ist dieser Zustand erst einmal erreicht, ist es für das Kind nur schwer möglich, jemals wieder jene unbeschwerte Freude mit dem Pferd zu empfinden, die eigentlich das Band zum Kameraden Pferd knüpfen sollte.
Die Kindheit ist eine Zeit, in der Vertrauen auf möglichst vielen Ebenen aufgebaut werden sollte: Vertrauen zum eigenen Körper, zu den eigenen Fähigkeiten und Handlungsmöglichkeiten. Es ist wichtig, auf Äußerungen von Angst zu rea-

gieren und Hilfe anzubieten, um in richtiger Weise mit Angst umzugehen. Häufig verschärft sich eine heikle Situation allein dadurch, dass die Angstreaktionen reflexartig ablaufen und keine Kontrolle des Handelns möglich ist. Ein verschrecktes Pferd, das sich zusätzlich von krampfhaft angepressten, sporenbewehrten Beinen und einer hochgerissenen, harten Hand bedrängt fühlt, wird mit Sicherheit nicht ruhiger. Blitzschnell ergibt dann eins das andere, und das

Dieses Mädchen hat keine Angst auf ihrem Pferd. Beide bieten ein Bild voll innerer und äußerer Harmonie.

Unvermeidliche nimmt seinen Lauf. In einer überschaubaren, weitgehend abgesicherten Situation, z.B. an der Longe, lassen sich solche Zusammenhänge analysieren. Mit gezieltem Üben können Angstreflexe durch richtige Reaktionen ersetzt werden. Manchmal genügt schon eine „Erholungszeit" auf einem sicheren Pferd.

Mit diesen Ausführungen soll nicht der Eindruck erweckt werden, als seien solche dramatischen Gefühlslagen die Regel, aber sie kommen häufiger vor als vermutet. Überbesorgte Eltern oder Begleitpersonen neigen zusätzlich dazu, ihre eigenen Ängste auf das Kind zu projizieren und ihm mit ständigen Warnungen die natürliche Unbefangenheit und Sicherheit zu nehmen.

Was ist wichtig?

▬▬ Angst ist ein Schutzmechanismus, der immer wirksam wird, wenn die verfügbaren Möglichkeiten nicht ausreichen, um eine Gefahr abzuwehren.

▬▬ Angstreaktionen lösen reflexartige Bewegungsimpulse aus, die unkontrolliert auf das Pferd wirken.

▬▬ Angst wirkt verkrampfend, hemmt die Bewegungskoordination und verschlimmert dadurch die Gefahrensituation.

▬▬ Angst kann vermindert werden, wenn Angst auslösende Situationen unter Kontrolle geübt und dabei die unkontrollierten Reflexe durch richtige Reaktionen ersetzt werden.

▬▬ Angst ist in jedem Fall ein Thema, das ernst genommen werden muss.

Nur richtig bemessene Anforderungen fördern

Eine Ausbildung wird nur erfolgreich sein, wenn der Ausbilder das Anforderungsprofil auf seine Schüler ausrichtet, d.h. ihr Wissen und Können und das jeweilige Alter der Gruppe in die Unterrichtsplanung einbezieht. Entsprechend sind Unterrichtsstil und -ziel zu wählen.

Beim Reiten ist das nicht einfach, weil das Pferd je nach Eigenpersönlichkeit und Tagesform, Bereitwilligkeit zur Mitarbeit, Ausbildungsstand und Verhalten ganz entscheidend daran mitwirkt, ob eine Aufgabe zu einer Überforderung für den Schüler wird.

Es müssen viele Gesichtspunkte bedacht und richtig eingeordnet werden, damit der Unterricht seinen Sinn erfüllt, nämlich dem Schüler Hilfestellung für die Weiterentwicklung seiner Fähigkeiten zu geben.

Bei Kindern sind diese Überlegungen von besonderer Bedeutung. Kindheit ist dadurch gekennzeichnet, dass alle Fähigkeiten und Fertigkeiten sich im Laufe der Entwicklung und Reifung erst her-

ausbilden. Jede Entwicklungsstufe hat ihre besondere „Begabung" für das Lernen spezieller Fertigkeiten. Anforderungen sind immer verbunden mit einer Aufgabenstellung, aber wie in so vielen Fällen macht auch hier der Ton die Musik und nicht jede Musik, passt für jedes Ohr. Auf diese Thematik bezogen soll das heißen, dass es schon ein großer Unterschied ist, ob der Unterrichtende zu Kindern im Vorschulalter spricht oder Kinder nach der Grundschulzeit vor sich hat. Vorschulkinder möchten, dass sich der Unterrichtende mit ihnen freut, innerlich an ihren aufregenden Erlebnissen mit dem Pferd beteiligt ist. Bei ihnen ist ein Sprachstil angebracht, der gefühlsbetont ist. Ältere Kinder finden dies wahrscheinlich lächerlich. Sie möchten in freundlicher Sachlichkeit informiert werden, was sie falsch oder richtig gemacht haben. Die Betonung ist dabei auf „richtig" zu legen, denn die meisten Kommentare beschränken sich auf das Hervorheben von Fehlern. Reiten ist wie kaum eine andere Sportart auf Rückkopplung, auf eine unterstützende Rückmeldung angewiesen, die erklärt, wie beim nächsten Versuch eine Übung oder Bewegungsphase besser gelingen kann. Aus diesem Grund ist die sprachliche Gestaltung so wichtig.

Dieses Kind ist den gestellten Anforderungen voll gewachsen. Aus einem technisch gut fundierten Sitz heraus führt es sein williges Pferd mit ruhiger Hand und sicherer Anlehnung durch den Geländeparcours.

Kinder sind sehr unterschiedlich in ihrer Sensibilität. Einige können eine leichte Schärfe im Tonfall durchaus verkraften, wenn die nötige Aufmerksamkeit mobilisiert werden soll, andere hingegen werden dadurch verunsichert. Auch hier können Anforderungen schnell zu Überforderungen werden.

Der Unterrichtende hat sich nicht nur als qualifizierter fachlicher Berater einzubringen, sondern ihm fällt auch die Rolle eines psychologischen Betreuers zu. Kinder suchen die Beziehungsebene zu ihrem Ausbilder, sei es eine Frau oder ein Mann. Sie möchten vertrauen, Sympathie empfinden und sich in der jeweiligen Situation verstanden fühlen. Die Beziehungsebene muss belastbar sein, das Kind soll Vertrauen zu seinem Trainer haben. Neue Anforderungen, vielleicht der erste Sprung über ein Hindernis oder die erste Teilnahme an einem Wettbewerb, sind dann weniger angstbesetzt und werden eher als Herausforderung denn als Überforderung empfunden. Persönlichkeit und Ausstrahlung des Ausbilders spielen demnach eine wichtige Rolle, wenn es um die Frage richtig bemessener Anforderungen geht.

Was ist wichtig?

■ Anforderungen müssen vom Ausbilder immer so bemessen sein, dass das Kind sich ihnen gewachsen fühlt.

■ Kinder sind in bestimmten Abschnitten ihrer Entwicklung in besonderer Weise für das Lernen von Bewegungsabläufen „begabt".

■ Die Persönlichkeitsstruktur des Ausbilders, seine Ausstrahlung und sein Umgang mit Sprache fließen als wichtige Faktoren in die Ausbildung ein.

■ Anforderungen werden weniger mit Angst belastet, wenn Kinder ein stabiles Vertrauensverhältnis zum Ausbilder aufbauen.

Praktischer Teil

Dieser Ausbildungsabschnitt sieht vor, die bereits erarbeiteten Grundlagen zu festigen und den Kindern als erweitertes technisches Rüstzeug an die Hand zu geben. Neue Elemente sind das korrekte Auf- und Absitzen, der genaue Ablauf der Hilfegebung, z. B. beim Angaloppieren, die Einführung des Entlastungssitzes mit seiner Erprobung über kleine Sprünge an der Longe und das Vertrautwerden mit den großräumigen Bewegungen eines Warmblüters. Darüber hinaus kann dieser Altersstufe durchaus eigenverantwortliches Handeln in Bereichen zugemutet werden, denen die Kinder körperlich gewachsen sind und deren Folgen sie auch selbst überblicken können. Sie sind jetzt groß genug, um das Pony selbst für die Stunde vorzubereiten, einschließlich Putzen,

Auftrensen und Satteln. Allein schon beim Putzen wird Kindern durch die Handhabung von Striegel und Kardätsche viel Bewegungserfahrung vermittelt. Gehen sie ungeschickt an die Aufgabe heran, wird das Pferd unruhig und zeigt mit seinem Verhalten, dass ihm etwas nicht passt. Kinder lernen dabei die Reaktionen eines anderen Lebewesens zu berücksichtigen. Das Auskratzen der Hufe verlangt mutige und umsichtige Bewegungen, ebenso das Auftrensen. Beim Vorbereiten und Satteln des Ponys sind die Kinder auf gegenseitige Hilfe angewiesen und stellen fest, dass egozentrische Eigenbrötelei im Umgang mit dem Pferd selten zum Erfolg führt.

In dieser Altersstufe findet der Ausbilder ganz andere Voraussetzungen vor, weil die Kinder an die Anpassung an vorgegebene Inhalte im Schulalltag gewöhnt sind. Deshalb bietet der praxisbezogene Teil ausgearbeitete Unterrichtsvorschläge an, die als Anregungen für die Stundengestaltung dienen können. Jeder Ausbilder weiß, dass die Balance auf dem Pferd das Ergebnis geduldigen Übens ist und es eine Weile dauert, bis Hände, Beine und Wirbelsäule in der Lage sind, unabhängig voneinander und unabhängig von den Bewegungen des Pferdes als Hilfen einzuwirken. Die Unterrichtsvorschläge sind methodische Weg-

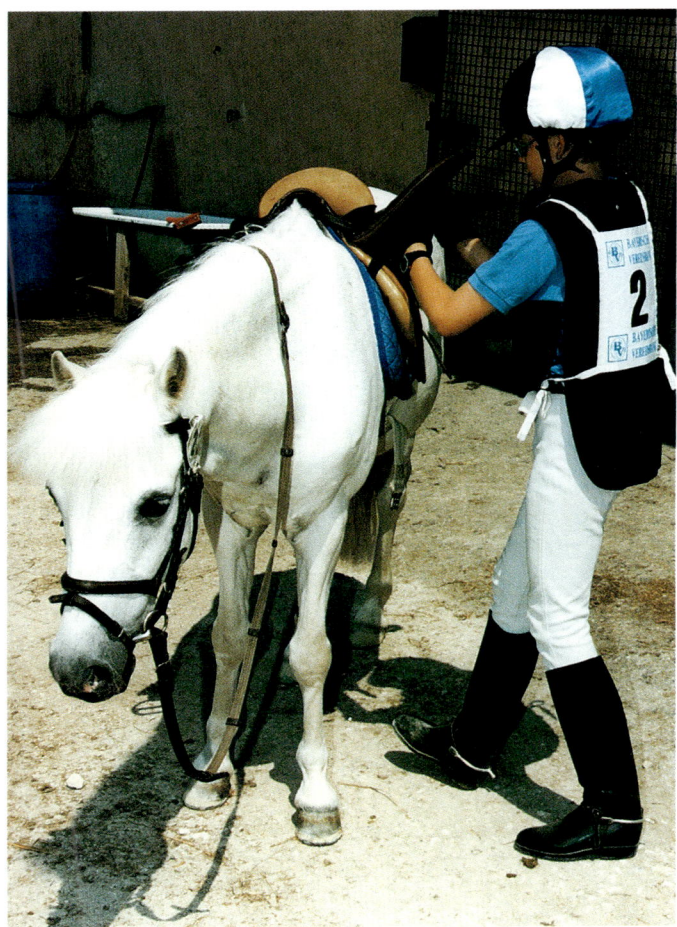

Sportlicher Wettkampf als Ansporn

▬▬ Sie beschäftigen die Kinder sinnvoll, während das Pferd ablongiert wird.

▬▬ Sie befreien die Kinder von aufgestauter Energie nach langem Sitzen in der Schule, während der Heimfahrt und der Hausaufgaben.

▬▬ Sie machen die Kinder aufnahmefähig und unterstützen das konzentrierte Arbeiten auf dem Pferd.

Schwerpunkt:
Üben des Leichttrabens (1. Unterrichtseinheit)

Unterrichtsziel
Leichttraben in freier Balance ohne Halteriemen.
Zusatzaufgabe für die geschickten Reiter: Leichttraben über ausgelegte Cavaletti an der Longe.
Zusatzangebot für die übrigen Kinder: Balanceübung auf dem zweiten Pony, das ungesattelt, an der Trense von einer Helferin geführt wird.
Unterrichtszeit: ca. 50 bis 60 Min.
Zielgruppe: sechs- bis neunjährige Kinder mit einfachen Grundkenntnissen
Gruppenstärke: etwa 6 bis 8 Kinder

Vorbereitungen
1 Pony gesattelt, ausgebunden und vorbereitet für die Arbeit an der Longe
1 Pony mit Trense und Führstrick, ungesattelt, aber mit einer mehr-

weiser, die die Ausbildungsrichtung anzeigen. Die Übungsdauer und deren Gestaltung müssen je nach erreichtem Fortschritt vom Übungsleiter möglichst individuell für jedes Kind bemessen werden.

Jeder Stundenvorschlag bietet vor Unterrichtsbeginn eine Aufwärmphase an. Die 5 bis 10 Minuten, in denen die Kinder mit kleinen Spielformen in Bewegung gebracht werden, haben viele Funktionen.

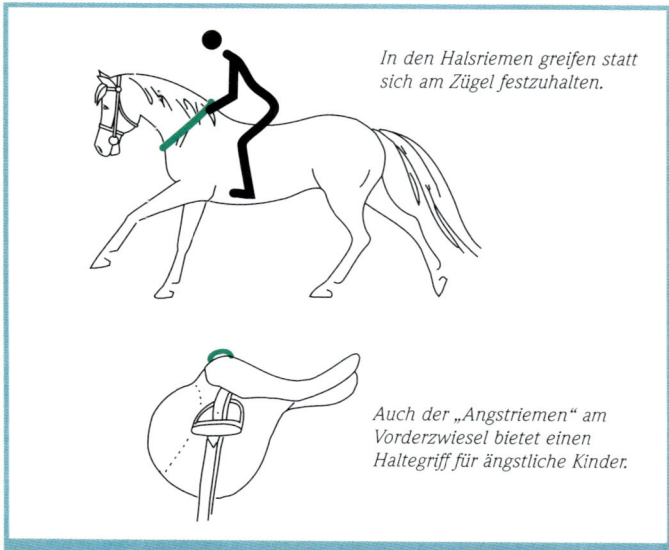

In den Halsriemen greifen statt sich am Zügel festzuhalten.

Auch der „Angstriemen" am Vorderzwiesel bietet einen Haltegriff für ängstliche Kinder.

fach gefalteten Decke ausgerüstet, die mit einem flachen Deckengurt auf dem Rücken befestigt ist
3 auf dem Zirkel ausgelegte Cavaletti; Abstand ca. 90 bis 110 cm, abhängig von der Trittlänge des Ponys
3 bis 4 Bälle

Unterrichtsgestaltung
Aufwärmphase:
Eine Helferin sagt den Kindern, was sie machen sollen:
Sie springen mehrmals über die Cavaletti, balancieren vorwärts, rückwärts und auch seitlich; sie springen mit beiden Beinen gleichzeitig herunter.
Die Ausbilderin überwacht das Treiben, während sie auf einem Longenkreis daneben das Pony für die Arbeit vorbereitet.
Diese einleitenden Bewegungsaufgaben an den Cavaletti erfüllen ihren Sinn, wenn die Kinder dabei die aufgestaute Energie abbauen. Es darf ruhig lebhaft zugehen.
Dann wird die Gruppe geteilt. Eine Hälfte beschäftigt sich mit dem ungesattelten Pony; die andere bleibt bei dem Pony an der Longe. Es empfiehlt sich, die jeweils stärkeren und die schwächeren Kinder zusammenzufassen. Der Übungsablauf lässt sich dadurch einheitlicher gestalten. Beide Gruppen wechseln sich ab, so dass jede sowohl einmal an der Longe als auch am ungesattelten Pony dran ist.

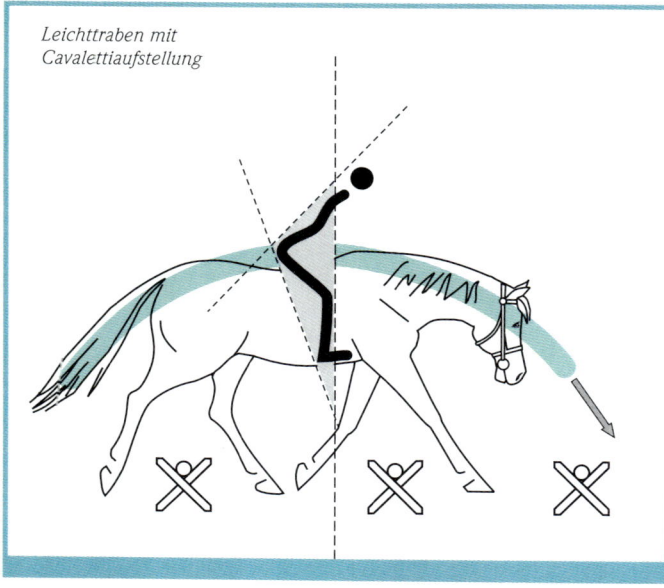

Leichttraben mit Cavalettiaufstellung

Die Gruppe an der Longe

Alle Kinder kommen nacheinander an die Reihe.

Zwei bis drei Runden Leichttraben mit der Möglichkeit, sich zunächst noch am Halteriemen festzuhalten. Eine Runde im Schritt, wobei das Kind, ohne sich festzuhalten, sich durch Abstoßen mit den Füßen in den Bügeln aus dem Sattel hebt und wieder einsitzt.

Das Kind stemmt die Arme in die Hüfte und versucht leichtzutraben, in freier Anpassung an den Rhythmus des Ponys.

Veränderte Aufgabenstellung: seitliches Ausstrecken der Arme (Flügelhaltung) oder: Arm- und Handhaltung wie bei der Zügelführung.

Bei jenen Kindern, die diese Übung schon recht sicher zeigen, läuft das Pony an der Longe über die aufgestellten Cavaletti.

Dabei wird eine erhöhte Bewegungsanpassung von den Kindern verlangt, weil das Pony beim Treten über die Cavaletti verstärkt abfußt und deshalb die Bewegungen mit mehr Energie ausführt.

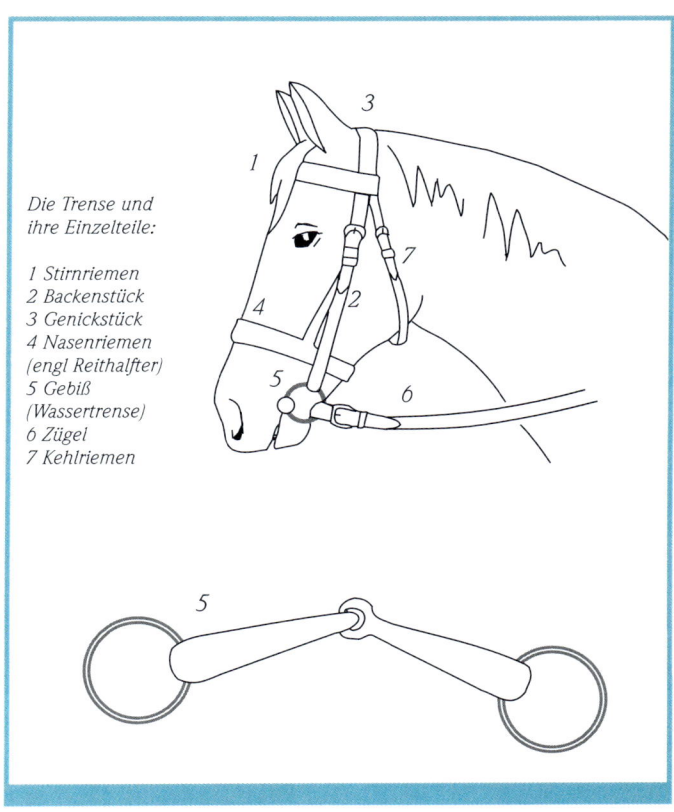

Die Trense und ihre Einzelteile:

1 Stirnriemen
2 Backenstück
3 Genickstück
4 Nasenriemen (engl Reithalfter)
5 Gebiß (Wassertrense)
6 Zügel
7 Kehlriemen

Die Gruppe am ungesattelten Pony

Das Pony wird von einer Helferin an den Zügeln oder dem Führstrick gehalten.

1. Übungsangebot:

Jeweils ein Kind klettert auf das Pony und versucht auf dem Rücken so zu knien, dass die Unterschenkel zu beiden Seiten der Wirbelsäule liegen. Der Oberkörper ist dabei in aufrechter Haltung. Wer sich traut, kann versuchen, das Gleichgewicht auch in der Schrittbewegung zu halten.

2. Übungsangebot:

Jeweils ein Kind sitzt auf dem Pony. Ihm werden von den anderen Kindern Bälle zugeworfen. Es hat die Aufgabe, sie zu fangen und wieder zurückzuwerfen.

Abschluss der Stunde

Kleine Theorie: Die einzelnen Teile der Trense benennen und aufzeigen.

Ponys versorgen (in den Stall führen, absatteln, abtrensen, Halfter anlegen, anbinden, Hufe auskratzen, eventuell Beine abspritzen); Cavaletti, Bälle, Sattelzeug und Trense aufräumen.

Beim Auftrensen werden die zusammengeschnallten Zügel über den Pferdhals gelegt, damit das Pferd unter Kontrolle ist. Die linke Hand hält die Trense, während die rechte unter dem Hals hindurch von der anderen Seite den Nasenrücken des Pferdes festhält.

Die rechte Hand greift die Trense, während die linke vorsichtig das Gebissstück in das Pferdemaul schiebt. Dann wird die ganze Trense dem Pferd über die Ohren gestreift.

Schwerpunkt:
Galopp an der Longe
(2. Unterrichtseinheit)

Unterrichtsziel
Einführung in den Galopp, die dritte Grundgangart des Pferdes. Übergänge vom Trab zum Galopp. Zusatzaufgabe für die geschickten Reiter: Die Anpassung an drei unterschiedliche Bewegungsaufgaben: Leichttraben – Aussitzen – Galopp. Abhängig von der Balancefähigkeit des Kindes können die einzelnen Phasen länger oder kürzer gestaltet werden.

Zusatzangebot für die übrigen Kinder: Das Üben des korrekten Auf- und Absitzens.

Selbstständiges Reiten eines vorgegebenen Weges auf dem gesattelten und gesicherten Pony.

Unterrichtszeit: ca. 50 bis 60 Min.
Zielgruppe: sechs- bis neunjährige Kinder mit einfachen Grundkenntnissen
Gruppenstärke: etwa 6 bis 8 Kinder

Vorbereitungen
1 Pony gesattelt, ausgebunden und vorbereitet für die Arbeit an der Longe
1 Pony gesattelt, mit Trense, Zügeln

und langer dünner Sicherungsleine
Markierter Weg-Parcours mit drei
bis vier Wendungen
3 bis 4 Führ- oder Trensenzügel
1 Hindernisteil als Unterstützung
beim Aufsitzen

Unterrichtsgestaltung

Aufwärmphase:
Eine Helferin erklärt den Kindern
den Verlauf des Weg-Parcours.
Bei Kindern bis ca. 7 Jahren ist auch
folgende Spielform beliebt: Zwei
Kinder finden sich zu Paaren
zusammen. Ein Kind spielt das
Pferd, das andere Kind ist der
„Kutscher" und lenkt das „Pferd"
durch den Weg-Parcours.
Die Gruppe wird so geteilt, dass die
Paare zusammenbleiben. Die Grup-
pen wechseln zu beiden Ponys.

Die Gruppe an der Longe

Wiederholung: Im Trab aussitzen
und Leichttraben im Wechsel;
zunächst mit Halteriemen, dann je
nach Möglichkeit in der freien
Balance, ohne sich festzuhalten.
Die Ausbilderin erklärt den Kindern
dann den Lernablauf im Galopp:
„Die Bügel werden übergeschla-
gen, damit ihr euch nicht aus dem
Sattel heben könnt. Das Gesäß
muss so im Sattel ‚kleben' bleiben,
dass ein Blatt Papier dazwischen
nicht herunterrutscht. Der Oberkörper bleibt aufrecht und fällt nicht
nach vorn. Ihr müsst versuchen, aus
dem beweglichen Becken heraus

mit der Bewegung des Pferdes mit-
zuschwingen."
Der Halteriemen gibt Sicherheit,
wenn das Pony angaloppiert und
das Kind sich in die fremde
Bewegung hineinfinden muss. Die
Ausbilderin wird versuchen, mit
Stimm- und Peitschenhilfe das Pony
schnell zum Galopp anzuregen. Im
Allgemeinen wird der gleichmäßig

schwingende Dreitaktrhythmus
sehr bald als angenehm empfunden, es sei denn, das Pony buckelt
zwischendurch und löst dadurch
Angst aus. Sichere Kinder können
versuchen, den Riemen während
einiger Takte loszulassen.

Die Gruppe am Weg-Parcours

Die Kinder stehen beim Pony. Die
Helferin erklärt das korrekte Auf-
und Absitzen, während sie das
Pony am Zügel festhält. Ein Kind
führt die Bewegungsfolge nach
der Beschreibung durch.

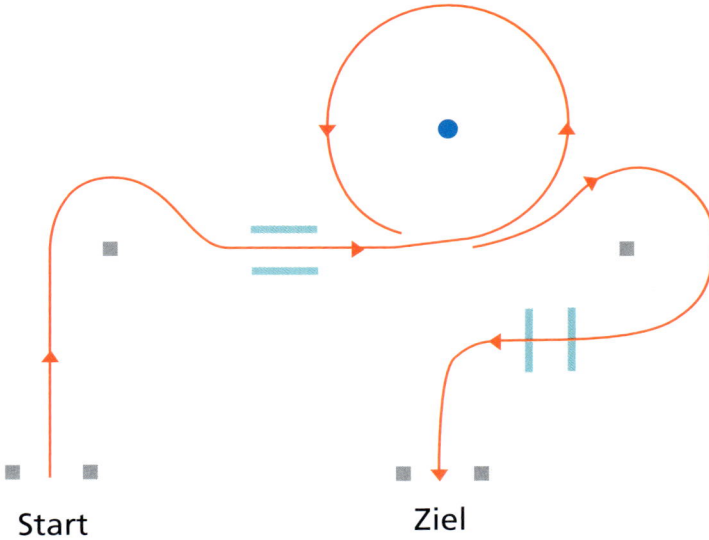

━━━ Stange
● Tonne
▪ Hindernis-
  Ständer
─── Schritt
▶ Richtung
◀

Verlauf Weg-Parcours

Start   **Ziel**

69

So wird aufgesessen: Der Reiter greift mit der linken Hand in die Sattelkammer, fasst mit der rechten den Steigbügel und dreht ihn, damit er den linken Fuß hineinschieben kann. Es dreht seine Körperfront zum Pony, fasst mit der rechten Hand an den hinteren Sattelkranz, stößt sich mit dem rechten Fuß kräftig ab, stützt sich mit dem linken Fuß im Steigbügel

ab, schwingt das rechte Bein über die Kruppe des Ponys und sitzt vorsichtig im Sattel ein.

Ein anderes Kind hat auf der Gegenseite den Steigbügel gehalten. Ist das Pony zu groß und kann das Kind den Steigbügel nicht vom Boden aus erreichen, kann ein Hindernisteil als Aufstiegshilfe dienen. Stimmen Sitzhaltung und Zügelführung, kann die Aufgabe beginnen. Nach Durchreiten der Ziellinie wird korrekt abgesessen.

So wird abgesessen: Der rechte Fuß wird aus dem Steigbügel genommen, die linke Hand stützt sich auf den Widerrist, die rechte sucht Halt am oberen Teil der rechten Sattelpausche. Das rechte

Bein wird vorsichtig über die Kruppe gehoben, die rechte Hand greift um und fasst den hinteren Sattelkranz. Der Körper ist auf beide Arme gestützt. Nun wird auch der linke Fuß aus dem Steigbügel gezogen. Langsam gleitet das Kind mit der Körperfront am Sattelblatt hinunter.

Abschluss der Stunde

Kleine Theorie: „Die einzelnen Sattelteile" benennen und gleichzeitig aufzeigen.

Ponys versorgen (in den Stall führen, absatteln, abtrensen, Halfter anlegen, anbinden, Hufe auskratzen, eventuell Beine abspritzen); Geräte, Sattelzeug und Trense wegräumen.

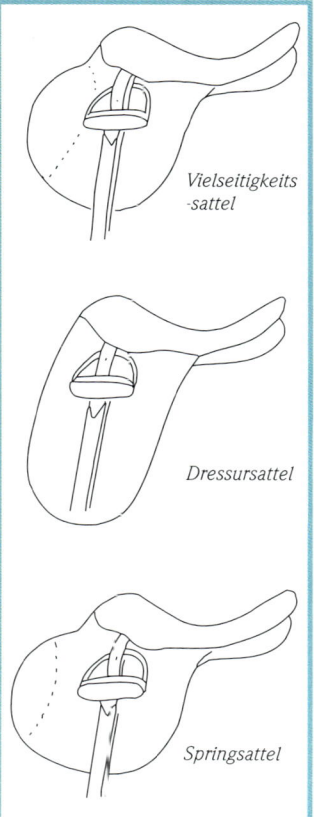

Vielseitigkeits-sattel

Dressursattel

Springsattel

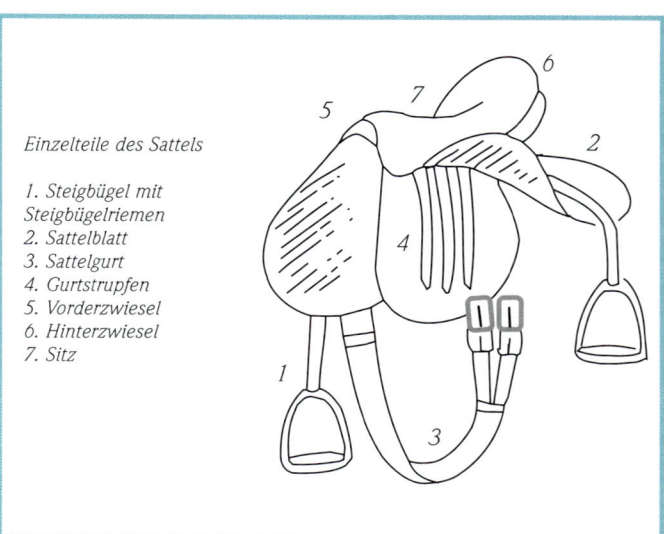

Einzelteile des Sattels

1. Steigbügel mit Steigbügelriemen
2. Sattelblatt
3. Sattelgurt
4. Gurtstrupfen
5. Vorderzwiesel
6. Hinterzwiesel
7. Sitz

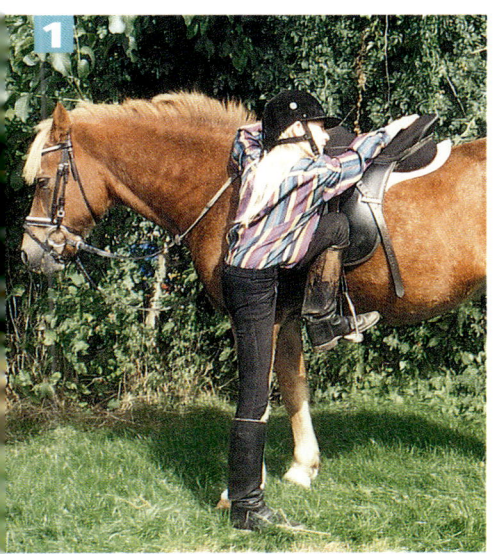

Dieses Mädchen zeigt die verschiedenen Bewegungsabschnitte beim Aufsitzen. Offensichtlich hat es ein sehr zuverlässiges Pony, andernfalls müsste es die Zügel etwas mehr annehmen, um bei einer Störung schnell reagieren zu können.

Schwerpunkt:
**Der Entlastungssitz
(3. Unterrichtseinheit)**

Unterrichtsziel
Galopp auf dem Zirkel im Entlastungssitz.
Zusatzaufgabe für die geschickten Reiter: Übergänge: Aussitzen im Trab – Galopp mit Entlastungssitz – Leichttraben – Aussitzen im Trab – Galopp im Normalsitz usw.
Zusatzangebot für die übrigen Kinder: Übungen mit verbundenen Augen: Auf dem Pony sitzen und seine Bewegungen spüren; das Pony abtasten und seine Körperteile benennen.
Unterrichtszeit: ca. 50 bis 60 Min.
Zielgruppe: sechs- bis neunjährige Kinder mit einfachen Grundkenntnissen
Gruppenstärke: etwa 6 bis 8 Kinder

Vorbereitungen
1 Pony gesattelt und ausgebunden, vorbereitet für die Arbeit an der Longe
1 Pony mit Trense und Führstrick, ungesattelt
3 bis 4 Tücher, um die Augen zu verbinden

Unterrichtsgestaltung
Aufwärmphase:
Die Kinder finden sich zu Paaren zusammen. In jedem Team werden einem Kind die Augen verbunden, der Partner legt ihm die Hand auf die Schulter und gibt mit Zeichen zu verstehen, was der andere tun soll, z.B. zweimal drücken heißt nach rechts wenden, einmal drücken nach links wenden, einmal klopfen heißt anhalten, am Pullover ziehen rückwärts gehen usw. Die Kinder sollen die Zeichen miteinander verabreden. Nach 2 bis 3 Minuten wird gewechselt.
Bei diesem Spiel machen die Kinder viele Erfahrungen, die auch im Umgang mit dem Pferd wichtig sind: Nur klare Zeichen können als „Hilfen" entschlüsselt und umgesetzt werden. Wer führt, trägt Verantwortung für den, der geführt wird. Nur wer dem Partner vertraut, fühlt sich auch mit verbundenen Augen sicher.
Das muss den Kindern während des Spiels immer wieder erklärt werden.
Die Gruppe wird geteilt. Eine Hälfte arbeitet mit dem Pony an der Longe, die andere geht zu dem ungesattelten Pony.

Die Gruppe an der Longe
Wenn das erste Kind auf dem Pony sitzt, erklärt die Ausbilderin die wichtigsten Merkmale des Entlastungssitzes.
Der Entlastungssitz: Die Steigbügel werden um etwa zwei Löcher verkürzt, das Gesäß hebt sich gerade so viel aus dem Sattel, dass der Rücken des Pferdes entlastet wird. Das Gewicht des Reiters stützt sich über die Ober- und Unterschenkel auf die Steigbügel ab. Der Schwerpunkt wird leicht nach vorne verlagert. Die Hände dürfen sich dabei vorerst auf beiden Seiten des Widerristes abstützen. Eine senkrechte Linie verläuft durch Schultern, Knie und Fußspitzen.
Zunächst wird diese Haltung eingenommen, während das Pony ruhig steht. Sie wird anschließend im Schritt, Trab und Galopp beibehalten. Dabei ist darauf zu achten, dass die Schenkel möglichst ruhig in der ursprünglichen Lage bleiben.
Bei geschickten und bewegungssicheren Kindern kann auf Anordnung der Ausbilderin die Gangart gewechselt werden. Im Galopp ist immer wieder der Entlastungssitz einzunehmen.

Die Gruppe auf dem ungesattelten Pony
Dem Kind auf dem Pony werden die Augen verbunden. Eine Helferin hält das Pony am Führzügel und geht mit ihm in Schlangenlinien über den Platz. Das Kind soll fühlen, ob das Pony eine Links- oder Rechtswendung macht. Am Anfang hilft es, den Wendekreis enger anzulegen.
Wenn noch Zeit bleibt, können die Kinder mit verbundenen Augen das Pony abtasten und die Körperteile benennen.

Abschluss der Stunde

Kleine Theorie: Wann reiten wir im Entlastungssitz? Antwort: In der Gangart Galopp; im Gelände, beim Springen auf dem Weg zwischen den Sprüngen, beim Jagdreiten und beim Anreiten junger Pferde, weil ihr Rücken noch zu wenig belastbar ist, um das volle Reitergewicht zu tragen.

Wie sieht der Entlastungssitz aus? Die Steigbügel sind um zwei Löcher verkürzt, das Gesäß ist leicht aus dem Sattel gehoben, der Pferderücken ist entlastet. Das Gewicht wird von den Steigbügeln aufgenommen, der Schwerpunkt ist vermehrt nach vorne verlagert, Schultern, Knie und Fußspitzen bilden eine senkrechte Linie.

Ponys versorgen (in den Stall führen, absatteln, abtrensen, Halfter anlegen, anbinden, Hufe auskratzen, eventuell Beine abspritzen); Geräte, Sattelzeug und Trensen wegräumen.

Schwerpunkt:
Schenkel- und Gewichtshilfen beim Angaloppieren (4. Unterrichtseinheit)

Unterrichtsziel

Die Kinder sollen ein Gefühl für die einzelnen Bewegungsabläufe bei der Hilfengebung zum Angaloppieren bekommen.

Zusatzaufgabe für die geschickten Reiter: Freie Balance in den drei

Grundgangarten üben.
Zusatzangebot für die übrigen Kinder: Üben, wie ein Pferd korrekt geführt wird.
Unterrichtszeit: ca. 50 bis 60 Min.
Zielgruppe: sechs- bis neunjährige Kinder mit einfachen Grundkenntnissen
Gruppenstärke: etwa 6 bis 8 Kinder

Vorbereitungen

1 Pony gesattelt und ausgebunden, vorbereitet für die Arbeit an der Longe
1 Pony mit Trense und Zügeln
1 Biertischbank
2 zusätzliche Trensen

Unterrichtsgestaltung

Aufwärmphase:

Die Kinder werden aufgefordert, wie ein Pferd zu traben und in „Pferdchensprüngen" zu galoppieren. Eine Helferin kann dabei unterstützen, wenn sie die unterschiedlichen Rhythmen mit den Händen klatscht. Die Aufmerk-samkeit der Kinder wird vermehrt gefordert, wenn sie die geklatschten Rhythmen hören und in die entsprechende Bewegung umsetzen.

Die Kinder setzen sich mit genügend Abstand rittlings hintereinander auf die bereitgestellte Biertischbank.

Die Ausbilderin erklärt den Ablauf der Hilfengebung beim Angaloppieren, der anschließend auf der Bank geübt wird: „Stellt euch vor,

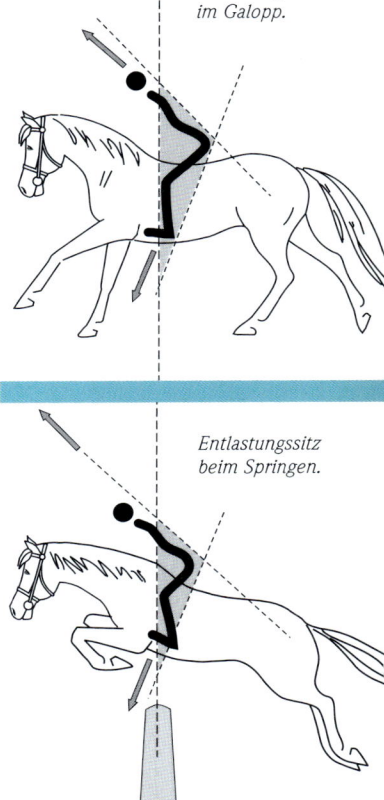

Entlastungssitz im Galopp.

Entlastungssitz beim Springen.

auf der rechten Hand zu traben und jetzt angaloppieren zu wollen. Dazu müsst ihr folgende Bewegungen ausführen:

Hilfengebung zum Rechtsgalopp: Der rechte Schenkel bleibt in seiner Lage am Gurt und wird vermehrt angedrückt, der linke Schenkel wird etwa zwei Handbreit hinter den

Sattelgurt gelegt. Wenn ihr jetzt die linke Schulter leicht nach rechts dreht, verlagert ihr euer Gewicht vermehrt auf die rechte Seite und gebt damit die Hilfe zum Angaloppieren links."

Hilfengebung beim Linksgalopp: Jetzt bleibt der linke Schenkel am Gurt und treibt dort aktiv, der rechte Schenkel wird etwa zwei Handbreit hinter den Sattelgurt gelegt. Die rechte Schulter wird leicht nach links gedreht und dabei das Gewicht vermehrt auf die linke Gesäßhälfte verlagert. Damit gebt ihr die Hilfe zum Linksgalopp.

Wenn der gesamte Bewegungsablauf in seiner Folge vertrauter geworden ist, wird die Gruppe auf beide Ponys verteilt. Nach einiger Zeit wird gewechselt.

Die Gruppe an der Longe

Die Kinder kennen jetzt die Bewegungen, die zum Angaloppieren nötig sind. Zur Unterstützung ihrer Balance halten sie sich zunächst am Halteriemen fest. Die Ausbilderin gibt nun dem Kind die einzelnen Anweisungen zur Ausführung der Bewegungsabfolge zum Angaloppieren. Das Pony wird bei den ersten Versuchen mit dem Kommando „Galopp" in die gewünschte Gangart gebracht. Anschließend müssen die Kinder ohne Stimmhilfe angaloppieren.

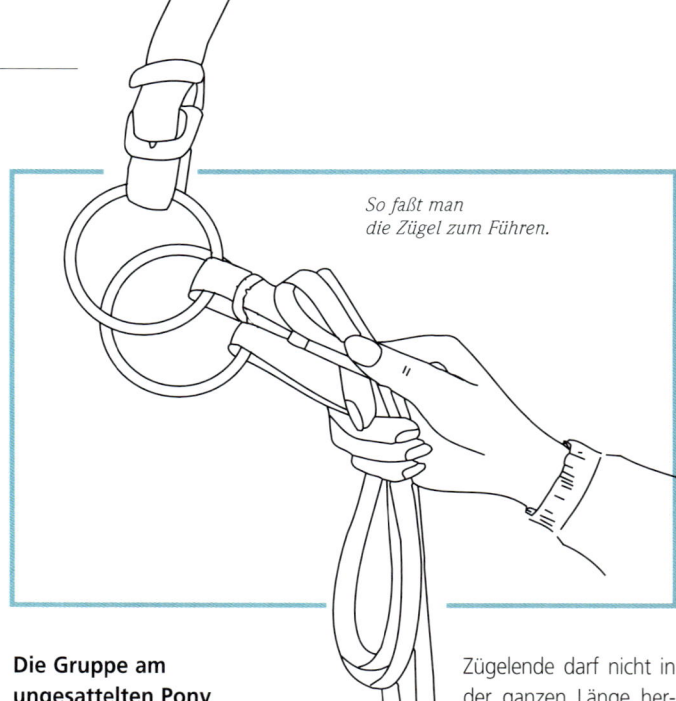

So faßt man die Zügel zum Führen.

Die Gruppe am ungesattelten Pony

Übung: Führen eines Ponys am Trensenzügel.

Die Kinder finden sich zu Paaren zusammen. Ein Kind hält die Trense, das andere die Zügel, und alle schauen gemeinsam zu. Die Helferin zeigt den Kindern, wie sie die Zügel beim Führen eines Pferdes halten müssen.

Handhabung der Zügel: Die Helferin fasst die Zügel mit der linken Hand an dem Schnallenende, die rechte Hand ergreift die Zügel etwa 20 cm unterhalb der Trensenringe so, dass sie mit dem Zeigefinger getrennt und von Daumen, Mittelfinger und dem übrigen Teil der Hand fest umschlossen werden. Die linke Hand schiebt dann das Zügelende von unten in die rechte Hand, das

Zügelende darf nicht in der ganzen Länge herunterhängen.

Die Kinder üben diese Griffe. Wer die Zügel richtig fasst, darf das Pony auf dem Platz umherführen.

Wenn die Zügel so gehalten werden, kann sich keine Schlinge um die Hand bilden. Es muss erklärt werden, dass eine solche Schlinge zu einer großen Gefahr wird, wenn das Pferd plötzlich erschrickt und wegspringt.

Abschluss der Stunde

Ponys versorgen (in den Stall führen, absatteln, abtrensen, Halfter anlegen, anbinden, Hufe auskratzen, eventuell Beine abspritzen); Sattelzeug und Trensen aufräumen.

Kleine Theorie: Welches Futter

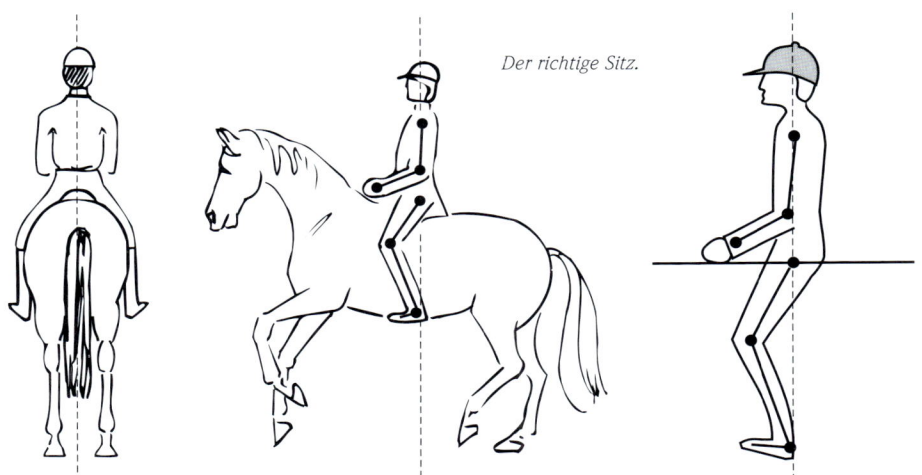

Der richtige Sitz.

braucht das Pferd? Antwort: Heu und Stroh sind das Rauhfutter. Es darf nicht staubig, muffig oder gar schimmelig sein. Davon werden Pferde krank! Heu brauchen Pferde immer zu ihrer Ernährung. Stroh bietet nicht nur eine angenehme Einstreu, die Suche nach schmackhaften Halmen beschäftigt die Pferde über den langen Tag.

Hafer oder Pellets werden als Kraftfutter bezeichnet. Pellets werden industriell hergestellt, in der Regel aus Hafer, Weizenkleie, Luzerne, Melasse, Mineralien.

Schwerpunkt:
Wiederholung und Festigung des bisher Gelernten, Trab im Aussitzen und Leichttraben; Galopp im Normalsitz und Entlastungssitz (5. Unterrichtseinheit)

Unterrichtsziel
Je nach dem Bewegungsgeschick des einzelnen Kindes können die Forderungen variieren. Bei einigen Kindern wird es ausreichen, weiter die Anpassung an die unterschiedlichen Gangarten des Pferdes zu üben, andere Kinder sind in ihrer Balancefähigkeit so weit, dass vermehrt auf Sitz und Haltung geachtet werden kann. Zusatzaufgabe für die geschickten Reiter: Bei der Fähigkeit zur freien Balance können die Zügel in die Hände genommen werden. Trab und Galopp ohne Bügel.
Zusatzangebot für die übrigen Kinder: Korrektes Auf- und Absitzen; korrektes Führen.
Unterrichtszeit: ca. 50 bis 60 Min.
Zielgruppe: sechs- bis neunjährige Kinder mit einfachen Grundkenntnissen

Gruppenstärke: etwa 6 bis 8 Kinder

Vorbereitungen
1 Pony gesattelt und ausgebunden, vorbereitet für die Arbeit an der Longe
1 Pony gesattelt und mit Trense
1 zusätzliche Longe oder ein langer, fester Strick
1 Hindernisteil als Aufstiegshilfe
1 lange, dünne, aber reißfeste Leine

Unterrichtsgestaltung
Aufwärmphase:
Die Kinder werden in zwei gleiche Gruppen aufgeteilt, die Tauziehen mit der Longe durchführen. Die Kinder sollen sich vorstellen, die eine Gruppe sei ein wildes Pferd, das sich losreißen möchte, die andere Gruppe will es festhalten. Die Rollen können nach dem ersten

oder zweiten Durchgang getauscht werden. Die Verlierer bekommen kleine Trostpreise. Die Siegergruppe darf wählen, zu welchem Pony sie zuerst möchte.
Eine Gruppe geht zum Pony an der Longe; die andere Gruppe zum zweiten Pony.

Die Gruppe an der Longe

Bevor das erste Kind anreitet, werden noch einmal kurz die Merkmale des Entlastungssitzes und die Hilfen beim Angaloppieren erklärt und vorgeführt. Dann werden nacheinander mit allen Kindern die erarbeiteten Elemente geübt: Angaloppieren, Entlastungssitz beim Galoppieren, Aussitzen im Trab, Leichttraben.
Bei sicheren Kindern sollte jetzt auf die richtige Schenkellage und die Haltung des Oberkörpers hingewiesen werden.
Bei Kindern, die noch mit der Balance kämpfen, führen derartige Hinweise eher zu zusätzlichen Verkrampfungen. Sie sollten sich weiter am Halteriemen festhalten und versuchen, ab und zu loszulassen.

Die Gruppe am anderen Pony

In der vergangenen Stunde wurde geübt, wie die Zügel beim Führen des Ponys zu halten sind. Jetzt sollen diese Kenntnisse angewandt werden. Ein Kind ergreift die Zügel in der vorgeschriebenen Weise und stellt sich seitlich neben die linke Schulter des Ponys, so dass es nicht

getreten werden kann. Dann führt es das Pony zu der Bank oder dem Hindernisteil, wo ein anderes Kind aufsitzen soll. Das Pony muss so hingeführt werden, dass von der linken Seite aufgestiegen werden kann. Nun führt das Kind Pony und Reiter an den Zügeln in mehreren Wendungen hin und her. Die Helferin sichert das Pony mit einer langen, dünnen Führleine, die im rechten Trensenring eingehakt ist. Jedes Kind sollte wenigstens einmal Gelegenheit bekommen, das Pony zu führen.

Abschluss der Stunde

Kleine Theorie: Benennen und zeigen der wichtigsten Körperteile des Pferdes.
Ponys versorgen (in den Stall führen, absatteln, abtrensen, Halfter anlegen, anbinden, Hufe auskratzen, eventuell Beine abspritzen); Geräte, Trensen und Sattelzeug wegräumen.

Schwerpunkt:
Die ersten Erfahrungen auf einem Großpferd an der Longe (6. Unterrichtseinheit)

Unterrichtsziel

Die Kinder sollen den Umgang mit einem Großpferd lernen und ihre Balancefähigkeit an der neuen Dimension seiner Bewegungen üben. Für den Anfang sind Leichttraben und Entlastungssitz zu emp-

fehlen, um das Kind nicht unmittelbar den großen Schwingungen des Pferderückens auszusetzen.
Zusatzaufgabe für die geschickten Reiter: Richtet sich nach der Anpassungs- und Balancefähigkeit der Kinder.
Zusatzangebot für die übrigen Kinder: Führen eines Ponys mit einem Reiter auf vorgegebenem Weg-Parcours mit Sonderaufgaben.
Unterrichtszeit: ca. 50 bis 60 Min.
Zielgruppe: sechs- bis neunjährige Kinder mit einfachen Grundkenntnissen
Gruppenstärke: etwa 6 bis 8 Kinder

Vorbereitungen

1 Großpferd gesattelt und ausgebunden, vorbereitet für die Arbeit an der Longe
1 Pony gesattelt, mit Trense und Zügel
1 lange, dünne, aber reißfeste Sicherungsleine
1 Hindernisteil als Aufstiegshilfe
3 oder 4 Hindernisständer für die Markierung des Weges
4 Kegel zur Markierung der Schritt- und Trabstrecken

Unterrichtsgestaltung

Aufwärmphase: Den Kindern werden der Verlauf und die zu bewältigenden Sonderaufgaben des Weg-Parcours erklärt.
Sie sollen die Wegstrecke ablaufen und an den Kegeln die vorgeschrie-

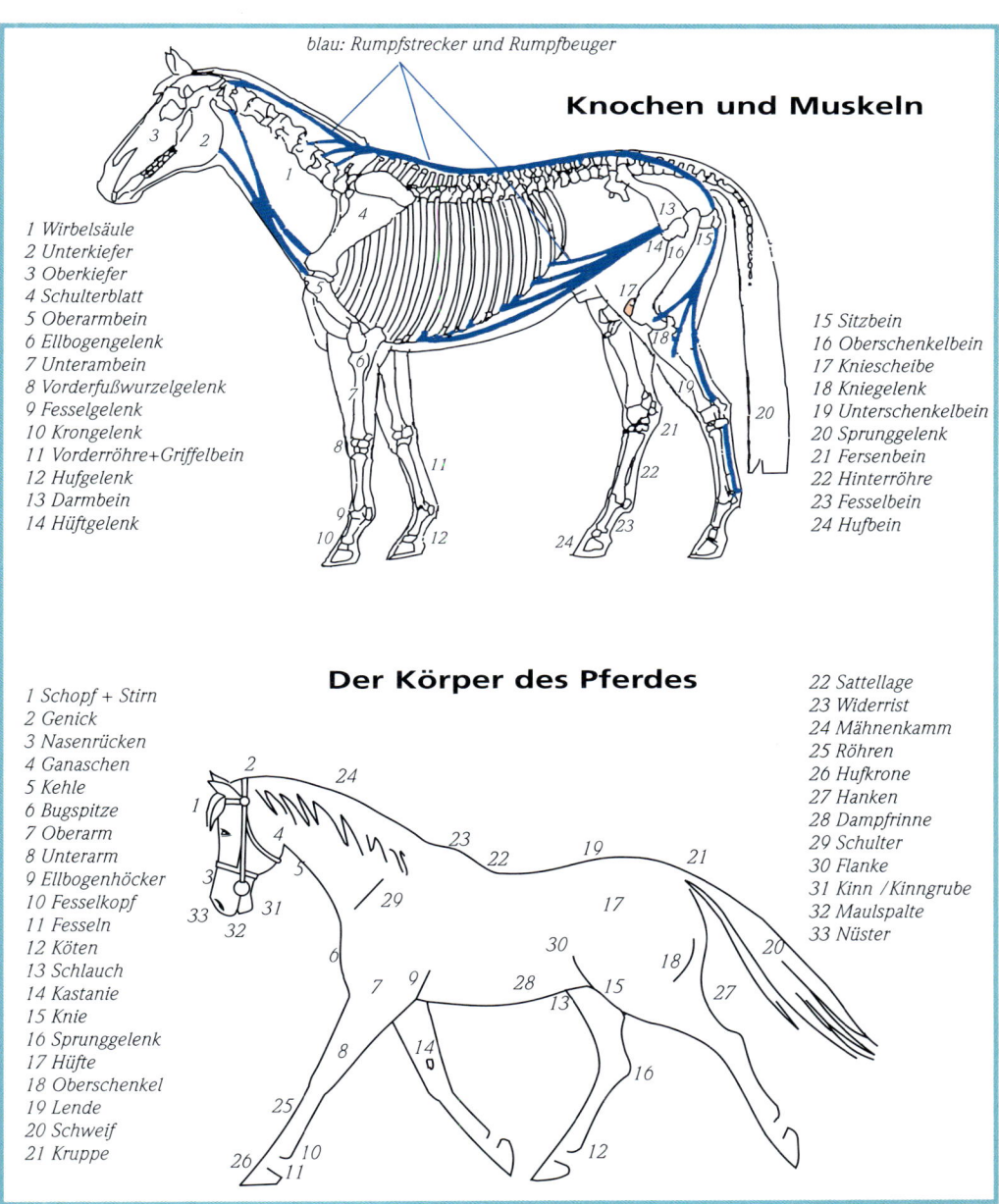

blau: Rumpfstrecker und Rumpfbeuger

Knochen und Muskeln

1 Wirbelsäule
2 Unterkiefer
3 Oberkiefer
4 Schulterblatt
5 Oberarmbein
6 Ellbogengelenk
7 Unterambein
8 Vorderfußwurzelgelenk
9 Fesselgelenk
10 Krongelenk
11 Vorderröhre+Griffelbein
12 Hufgelenk
13 Darmbein
14 Hüftgelenk

15 Sitzbein
16 Oberschenkelbein
17 Kniescheibe
18 Kniegelenk
19 Unterschenkelbein
20 Sprunggelenk
21 Fersenbein
22 Hinterröhre
23 Fesselbein
24 Hufbein

Der Körper des Pferdes

1 Schopf + Stirn
2 Genick
3 Nasenrücken
4 Ganaschen
5 Kehle
6 Bugspitze
7 Oberarm
8 Unterarm
9 Ellbogenhöcker
10 Fesselkopf
11 Fesseln
12 Köten
13 Schlauch
14 Kastanie
15 Knie
16 Sprunggelenk
17 Hüfte
18 Oberschenkel
19 Lende
20 Schweif
21 Kruppe

22 Sattellage
23 Widerrist
24 Mähnenkamm
25 Röhren
26 Hufkrone
27 Hanken
28 Dampfrinne
29 Schulter
30 Flanke
31 Kinn / Kinngrube
32 Maulspalte
33 Nüster

Irgendwann ist das Umsteigen auf ein Großpferd nicht mehr hinauszuschieben. Es ist für Kinder häufig sehr traurig, sich von ihrem ersten Pony zu trennen, weil sie zu groß geworden sind. Diese Trennung sollte von den Eltern in Gesprächen mit dem Kind vorbereitet werden. Sie sollten gemeinsam mit dem Kind nach einem guten Nachfolgeplatz für das Pony suchen.

bene Gangart (Schritt oder Trab) einhalten.

Alle Kinder werden um das große Pferd versammelt. Sie dürfen es streicheln und werden gefragt, ob sie auf ihm reiten möchten.

Die Kinder stehen in der reiterlichen Begegnung mit einem Großpferd vor einer neuen und unbekannten Herausforderung. Sie sitzen sehr viel weiter vom sicheren Boden entfernt, sie erleben unmittelbar die imponie-

rende, aber auch bedrohliche Größe des Pferdes mit seinen großräumigen Bewegungen.

Damit keine Ängste aufkommen, sollte ein ruhiges, zuverlässiges Pferd ausgewählt werden, dessen Grundgangarten nicht zu schwungvoll sind.

Danach werden zwei Gruppen gebildet.

Die Gruppe an der Longe

Das Pferd geht zunächst nur im Schritt, damit sich die Kinder an die Höhe, den großen Körper und die großräumigeren Bewegungen gewöhnen können. Wenn die Kinder mit dem Großpferd und dessen Bewegungen vertrauter sind, wird auch „leichtgetrabt", wechselnd auf beiden Händen. Kinder, die noch Probleme haben, im Rhythmus stabil zu bleiben, sollten in

Hier ist der Umstieg auf ein größeres Pferd gelungen. Beide passen gut zusammen und geben ein harmonisches Bild ab.

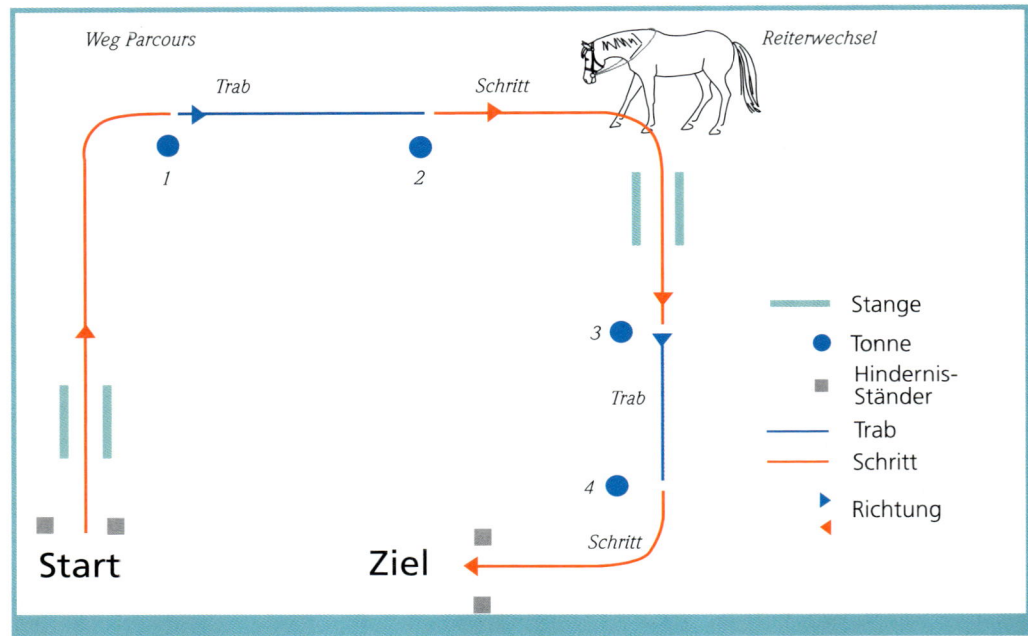

jedem Fall den Halteriemen benutzen, wer den Rhythmus im Leichttraben hält. darf den Halteriemen loslassen und soll die Arme in die Hüfte stemmen.

Mutige Kinder probieren Galopp im Entlastungssitz.

Die Gruppe am Pony

Die Kinder haben sich zu Paaren zusammengefunden. Die Aufgabe setzt sich aus folgenden Elementen zusammen: Ein Kind führt das Pony zu einem Hindernisteil, von dem das zweite Kind vorschriftsmäßig aufsitzt. Das Kind führt das Pony auf dem vorgegebenen Weg; an der ersten Tonne trabt der Reiter an, im leichten Trab bis zur zweiten Tonne, dort weiter im Schritt bis zum zweiten Hindernisteil; hier ist Reiterwechsel mit korrektem Auf- und Absitzen, das zweite Kind führt nun im Wechsel das Pony durch die Hindernisstangen bis zum dritten Kegel usw., bis ins Ziel.

Während der Übung ist das Pony an der langen Führleine gesichert.

Abschluss der Stunde

Kleine Theorie: Wie unterscheiden sich Dressur- und Springsattel? Beide Sattelarten sollten den Kindern gezeigt und ihnen die Unterschiede erklärt werden.

Antwort: Der Dressursattel hat längere, fast gerade geschnittene Sattelblätter, weniger Vorwölbung an den Knien und weniger ausgearbeitete Pauschen. Der Dressurreiter sitzt mit gestrecktem Bein im Sattel, und sein Körperschwerpunkt ruht in der Sattelmitte.

Der Springsattel ist für einen Reiter konstruiert, der mit kurzen Bügeln sein Gewicht auf die Seiten des Pferdes verlagert. Die Knie brauchen eine feste Stütze. Deshalb hat der Springsattel kürzere Sattelblätter, die weiter nach vorne geschoben sind, und aus-

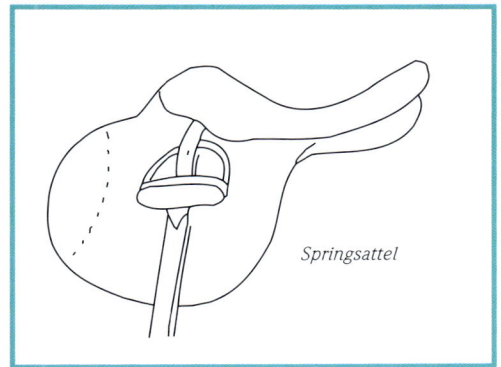

Springsattel

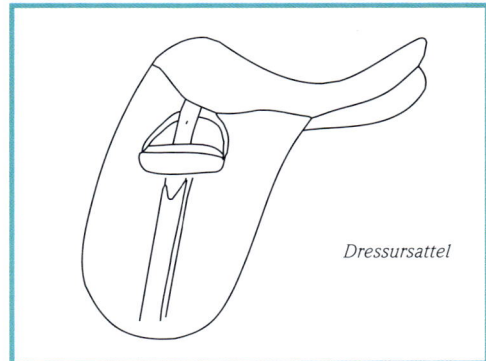

Dressursattel

gearbeitete Pauschen als Gegenlager für die Knie.

Pony und Großpferd versorgen. (Die Ausbilderin muss abschätzen, welche Arbeiten die Kinder am Großpferd übernehmen können.) Geräte, Trensen und Sattelzeug wegräumen.

Schwerpunkt:
Reiten auf dem Großpferd an der Longe; Leichttraben, Entlastungssitz, Gewichts- und Schenkelhilfen beim Angaloppieren; Aussitzen im Trab mit Festhalten am Riemen
(7. Unterrichtseinheit)

Unterrichtsziel
Vertrautwerden mit dem Großpferd. Sicherheit gewinnen in der Bewegung und bei der Einwirkung. Zusatzaufgabe für die geschickten Reiter: Im Galopp und Trab freie Balance, ohne Sicherung am Riemen.

Zusatzangebot für die übrigen Kinder: Balanceübungen auf dem Pony mit Bällen.

Unterrichtszeit: ca. 50 bis 60 Min.

Zielgruppe: sechs- bis neunjährige Kinder mit einfachen Grundkenntnissen

Gruppenstärke: etwa 6 bis 8 Kinder

Vorbereitungen
1 Großpferd gesattelt und ausgebunden, vorbereitet für die Arbeit an der Longe
1 Pony mit Trense und Zügeln
3 Bälle in unterschiedlichen Größen
1 lange, dünne Sicherungsleine
2 Eimer oder Körbe
1 Hindernisteil als Aufstiegshilfe

Unterrichtsgestaltung
Aufwärmphase: Die lange Sicherungsleine wird von der Helferin und einem Kind (wird ausgewechselt) in etwa 40 bis 50 cm Höhe gehalten. Die Kinder sollen im „Pferdchensprung" mehrfach hin- und herspringen.

Kleiner Mannschaftswettkampf in Form eines Stafettenlaufs mit zwei Gruppen. Die Kinder finden sich zu zwei Mannschaften zusammen.

Aufgabe: Jeder Anfangsläufer hält einen Ball – auf Kommando laufen sie los, springen über das gespannte Seil, legen den Ball in einen etwa 30 m entfernt stehenden Eimer oder Korb, laufen zurück, schlagen den Nächsten an, dieser läuft, springt und holt den Ball, der Ball wird an den Nächsten übergeben usw.

Die Siegermannschaft bekommt als Preis eine kleine Belohnung.

Die Mannschaften bleiben als Gruppen zusammen. Eine Gruppe geht zum Großpferd an der Longe, die andere zum Pony.

Die Gruppe an der Longe

Den Kindern wird mit Wieder-
holungsübungen aus der vergangenen Stunde Gelegenheit gegeben,
weiter Vertrauen zum Großpferd
aufzubauen. Die Ausbilderin muss
abschätzen, ob sie den einzelnen
Kindern schon neue Aufgaben stellen darf. Gewichts- und Schenkelhilfen beim Angaloppieren sind nur
möglich, wenn das Kind einigermaßen sicher und angstfrei die
Bewegungen auf dem Großpferd
aussitzen kann. Kriterium dafür ist,
wenn das Kind sich ohne Festhalten
einige Galoppsprünge sicher ausbalanciert. Die gleichen Gesichtspunkte gelten auch beim Aussitzen im
Trab. Wichtig ist die individuelle
Zumessung von Bewegungsanfor-
derungen.

Die Gruppe am Pony

Die Kinder finden sich zu Paaren
zusammen. Ein Kind klettert möglichst ohne Hilfe vom Hindernisteil
aus auf das Pony, das zweite führt
das Pony. Die anderen Kinder werfen dem Reiter Bälle zu, die er fängt
und wieder zurückwirft. Dabei werden verschiedene Sitzformen eingenommen, z. B. Fangen und Werfen
aus dem Normalsitz, dem Seitsitz
und dem Rückwärtssitz. Jedes Kind
sollte einmal das Pony führen und
einmal die Bälle fangen.
Die Helferin sichert das Pony während der Übungen an der langen
Leine.

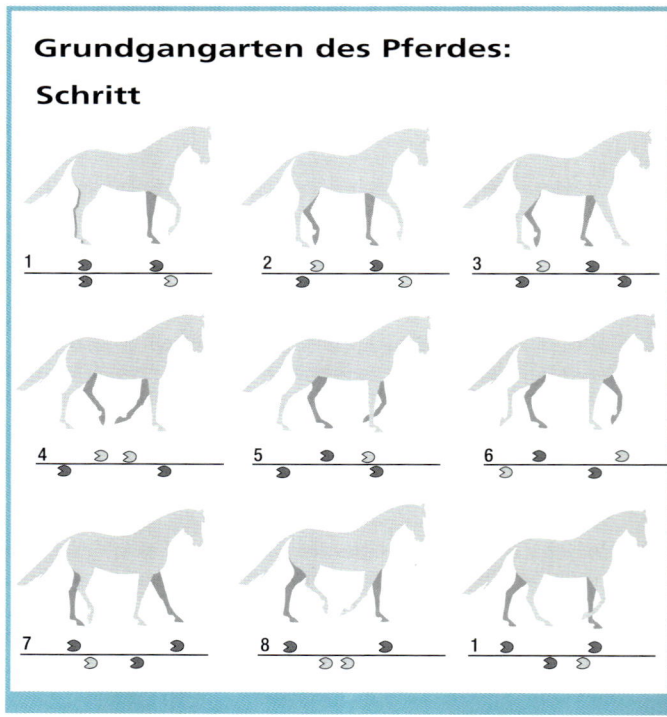

Grundgangarten des Pferdes:

Schritt

Abschluss der Stunde

Kleine Theorie: Welche Grundgang-
arten hat das Pferd? Woran merkst
du, ob es trabt, galoppiert oder im
Schritt geht?
Antwort: Das Pferd hat drei Grund-
gangarten – Schritt, Trab und
Galopp. Rhythmus, Takt und
Schnelligkeit sind unterschiedlich,
Schritt ist eine Vier-Takt-, Trab eine
Zwei-Takt- und Galopp eine Drei-
Takt-Bewegung.
Versorgen der Pferde, Geräte,
Sattelzeug und Trensen aufräumen.

Schwerpunkt:
**Leichttraben über Cavaletti
auf dem Großpferd
(8. Unterrichtseinheit)**

Unterrichtsziel

Die Kinder sollen durch wechselnde
Bewegungsangebote auf dem
Großpferd vertraut werden.
Zusatzaufgabe für die geschickten
Reiter: Wer in der Lage ist, sich
wenigstens eine Longenrunde frei
auf dem Pferd in den Grundgang-
arten auszubalancieren, darf die

Zügel aufnehmen und versuchen, mit ruhiger Hand die Verbindung zum Pferdemaul herzustellen.

Zusatzangebot für die übrigen Kinder: Selbstständiges Reiten in unterschiedlichen Gangarten auf einem vorgegebenen Weg-Parcours mit Wendungen.

Unterrichtszeit: ca. 50 bis 60 Min.

Zielgruppe: sechs- bis neunjährige Kinder mit einfachen Grundkenntnissen

Gruppenstärke: etwa 6 bis 8 Kinder

Vorbereitungen

1 Großpferd gesattelt und ausgebunden, vorbereitet für die Arbeit an der Longe
1 Pony mit Sattel, Trense und Zügeln
1 Hindernisteil als Aufstiegshilfe
1 lange, dünne, aber reißfeste Sicherungsleine
4 Hindernisständer für die Markierung des Weges
4 Kegel zur Markierung der Schritt- und Trabstrecken
4 Cavaletti

Unterrichtsgestaltung

Aufwärmphase: Den Kindern ist der Verlauf der Strecke erklärt worden. Sie stehen nun in einer Linie hintereinander. Die Sicherungsleine liegt zur rechten Hand am Boden. Sie fassen die Leine und laufen hintereinander als „Vielfüßler" die Wegstrecke ab. An den Kegeln wechseln sie in die

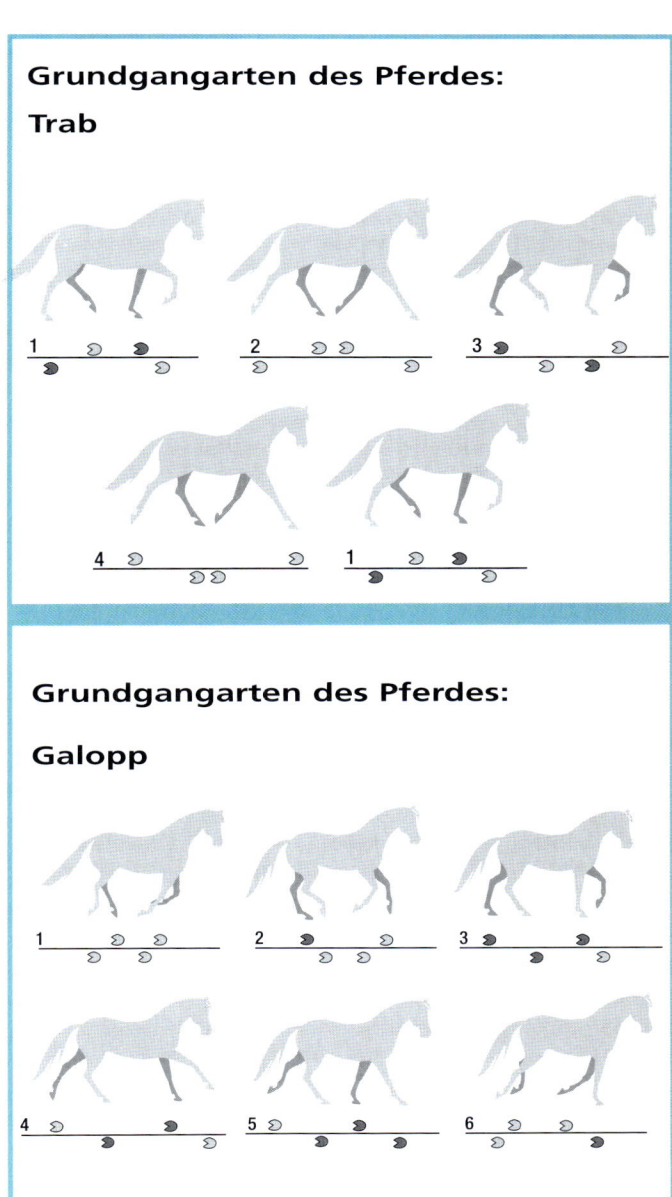

Grundgangarten des Pferdes:

Trab

Grundgangarten des Pferdes:

Galopp

Dieses Mädchen zeigt einen korrekten Sitz mit allen wichtigen Merkmalen. Bei der Zügelführung bilden Pferdemaul, Hand und Ellenbogen eine Linie.

verabredete Gangart, Schritt oder Trab. Beim zweiten Durchgang drehen sie sich um, nehmen also die Leine in die linke Hand und gehen die Schrittstrecke rückwärts ab, die Trabstrecke wird wieder vorwärts gelaufen.

Es werden zwei gleich große Gruppen unter den Kindern ausgelost; desgleichen die Reihenfolge der Gruppen an den Pferden. Die eine Gruppe geht zum Großpferd, die andere versammelt sich beim Pony.

Die Gruppe an der Longe

Die Kinder üben die Balancesicherheit auf dem Pferd in den Grundgangarten und in den verschiedenen Sitzformen nach dem Konzept der vergangenen Stunde. Beim Aussitzen sollte die

Ausbilderin vermehrt auf den korrekten Sitz achten.

Wichtig ist, dass beide Gesäßknochen gleichmäßig belastet werden. Die Oberschenkel sind aus der Hüfte heraus gestreckt, die Waden liegen „fühlend" am Pferdeleib. Die Fußspitzen dürfen nicht herunter-

dem Leichttraben über Cavaletti begonnen werden.

Die Cavaletti liegen auf einem Zirkel im Abstand von ca. 130 bis 140 cm je nach Trittlänge des Pferdes. Die Ausbinder müssen ausreichend verlängert werden.

Bei den ersten zwei Runden benut-

Das Mädchen auf diesem Foto demonstriert einen häufigen Fehler: Die Verbindung Pferdemaul, Hand, Ellenbogen ist in der Linie gebrochen, die rechte Hand zu hoch, und das Pferd kippt mit der Stirnlinie hinter die Senkrechte.

hängen, der Absatz soll der tiefste Punkt sein. Bei der Zügelführung sollen Pferdemaul, Hand und Ellenbogen eine Linie bilden.

Wenn diese wichtigen Grundmerkmale des Reitersitzes erneut angesprochen und geübt sind, kann mit

zen alle Kinder den Halteriemen. Anschließend kann die Ausbilderin differenzieren. Sichere Kinder nehmen „Zügelhaltung" ein.

Besonders sichere Kinder dürfen am Ende des Unterrichts die Zügel aufnehmen.

Die Gruppe am Pony

Ein Kind steigt vom Hindernisteil auf das Pony, nimmt die Zügel auf und lenkt es im Schritt zum ersten Kegel; es trabt an und reitet im Leichttraben bis zum zweiten Kegel, hier wird zum Schritt durchpariert und der Bogen geritten. Beim dritten Kegel wird angetrabt und im Leichttraben bis zum vierten Kegel geritten, dann bis zum Hindernisteil im Schritt und halten, damit der nächste Reiter aufsitzen kann. Alle Kinder kommen nacheinander an die Reihe. Bei unsicheren und noch etwas ängstlichen Kindern sichert die Helferin das Pony an der langen Leine, die anderen Kinder werden allein auf den Weg geschickt.

Abschluss der Stunde

Kleine Theorie: Warum kommt der Hufschmied in den Stall?

Antwort: Die Pferdehufe haben einen Mantel aus Horn. Dieses Horn wächst wie unser Fingernagel und muss deshalb von Zeit zu Zeit gekürzt werden. Der Schmied nagelt Eisen unter die Hufe, weil die Hornschicht ohne Eisen zu schnell abgerieben wird und dadurch Lahmheit entsteht. Die Hufe müssen alle 6 bis 8 Wochen vom Schmied kontrolliert und wenn erforderlich beschlagen werden.

Die Pferde versorgen; Geräte, Sättel und Trensen aufräumen.

Springen über In-Out-Reihe

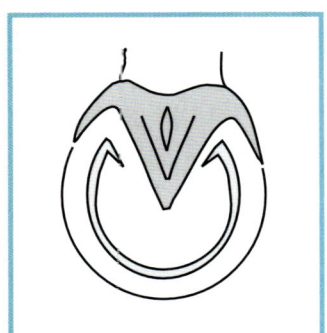

Form des Vorderhufes.

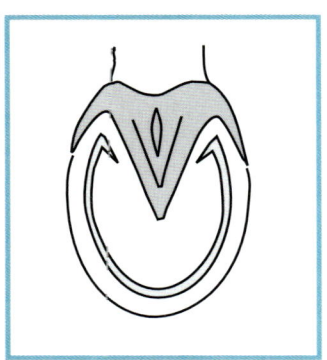

Form des Hinterhufes.

Schwerpunkt:
Galopp an der Longe auf dem Großpferd im Entlastungssitz; die ersten Sprünge über Cavaletti an der Longe (9. Unterrichtseinheit)

Unterrichtsziel
Die Kinder sollen unter dem Schutz der Ausbilderin Bewegungserfahrungen über kleine Sprünge sammeln. Das erhöht das Selbstvertrauen und gibt Sicherheit.

Zusatzaufgabe für geschickte und mutige Kinder: Sprungfolge an der Longe über eine In-Out-Reihe mit 3 Cavaletti.

Zusatzangebot für die übrigen Kinder: Gewöhnung des Ponys an unbekannte Gegenstände.

Unterrichtszeit: ca. 50 bis 60 Min-

Zielgruppe: sechs- bis neunjährige Kinder mit einfachen Grundkenntnissen

Gruppenstärke: etwa 6 bis 8 Kinder

Vorbereitungen
1 Großpferd gesattelt und ausgebunden, vorbereitet für die Arbeit an der Longe
1 Pony mit Trense und Zügeln
3 Cavaletti
1 Hindernisständer mit bunten, flatternden Luftballons
1 Tor aus zwei Hindernisständern mit einer Leine, an der bunte Papierbänder hängen

Unterrichtsgestaltung
Aufwärmphase: Die Kinder werden aufgefordert, selbst über die Cavaletti zu springen (Pferdchensprung, Schlusssprung) und auf den Cavaletti vorwärts wie rückwärts zu balancieren.

Es empfiehlt sich, die beiden Gruppen nach reiterlichen Fähigkeiten zusammenzustellen und die schwächere Gruppe zuerst an die Longe zu nehmen.

Die Gruppe an der Longe

Das Pferd wurde während der Aufwärmphase ablongiert. Die Ausbinder werden so weit verlängert, dass gute Halsfreiheit sichergestellt ist. Das Pferd kennt solche Aufgaben und ist auch mit kleinen Sprüngen vertraut. Den Kindern wird erklärt, dass der Sprung über ein Cavaletti nicht mehr als ein großer Galoppsprung ist. Deshalb müssen sie im Entlastungssitz galoppieren und dabei in die Mähne oder den Halteriemen fassen.

Die Bügel werden um zwei Loch verkürzt, die Hilfen zum Angaloppieren gegeben, der Entlastungssitz wird eingenommen, und die Hände werden auf beiden Seiten des Mähnenkammes aufgestützt. Die Ausbilderin führt das Pferd an der Longe über das ca. 40 cm hohe Cavaletti. Bei Kindern, die mit der Hilfengebung noch Schwierigkeiten haben, kann gleich der Entlastungs-

Springen
a. Ein Galoppsprung zwischen den Cavalettis

Springen
b. In-Out

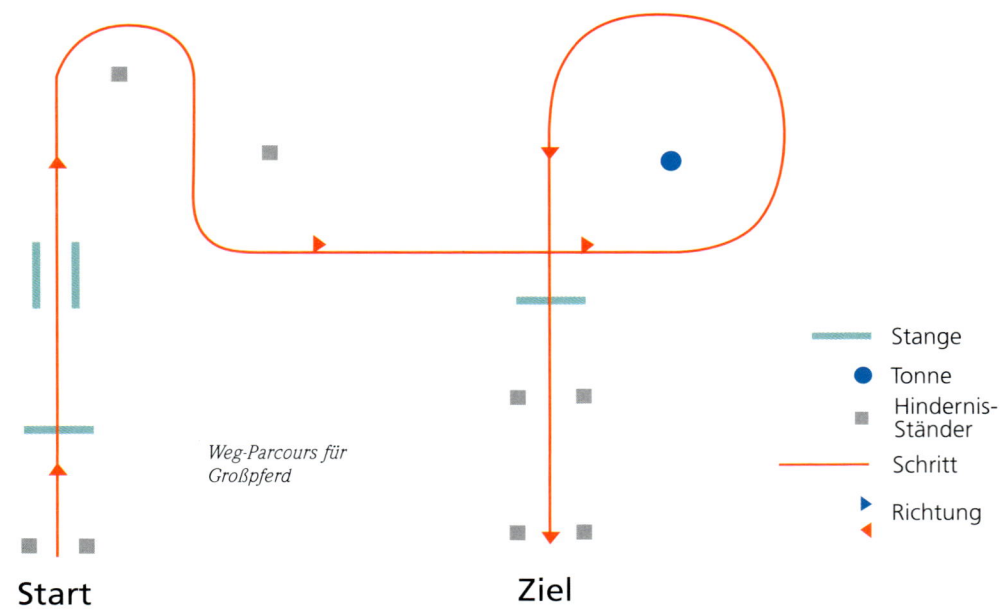

Weg-Parcours für Großpferd

Start

Ziel

Stange

Tonne

Hindernis-Ständer

Schritt

Richtung

sitz eingenommen werden. Die Ausbilderin bringt das Pferd mit Stimmkommando und Peitschenhilfe zum Galopp. Haben alle Kinder den Versuch geschafft, kann mit den geschickten Kindern der zweiten Gruppe eine Sprungreihe über 3 Cavaletti (Abstand etwa 3,50 bis 3,70 m) gewagt werden.

Die Gruppe am Pony
Die Kinder haben durch die vorangegangenen Aufgabenstellungen Sicherheit beim Führen bekommen. Jetzt geht es darum, in einer „Krisensituation" mit dem Pferd umzugehen. Sie sollen Erfahrung

sammeln, wie es gelingt, sich durchzusetzen und mit dem Pony diese Situation zu bewältigen. Es ist nicht zu vermeiden, dass die ersten Kinder die intensivsten Erfahrungen machen, weil sich das Pony im Laufe der Stunde beruhigen wird.
Zunächst ist es sehr wichtig, nochmals daran zu erinnern, dass weder Zügel noch Führstrick eine Schlinge um die Hand bilden dürfen.
Das erste Kind führt das Pony in einem großen Bogen um den Hindernisständer mit den Luftballons. Es spricht beruhigend auf das Pony ein. Allmählich wird der

Bogen enger gezogen. Bleibt das Pony stehen, darf es sich die Luftballons anschauen, aber es wird aufgefordert, weiterzugehen. Das Kind führt jetzt das Pony noch näher an die Luftballons heran. Folgt es der Aufforderung, ist ein freundliches Lob mit einer Belohnung wichtig, andernfalls wird beharrlich konsequentes Drängen notwendig. Jeder auch noch so kleine Schritt vorwärts ist als ein Zeichen guten Willens zu loben. Ungeduld darf nicht aufkommen. Anschließend führt der Weg zu dem Hindernisständer mit den Papierbändern. Das Pony soll zwischen den Ständern unter den Bändern hindurchgehen. Auch hier gilt: Jeder Schritt vorwärts ist mit Lob anzuerkennen.

Manche Kinder machen den Fehler, sich vor das Pony zu stellen und es an der Trense vorwärts ziehen zu wollen. Hier muss erklärt werden, dass das Pferd auf diese Weise kaum vorwärts zu bringen ist. Wenn das Pony störrisch bleibt, sollte die Helferin unter Umständen eingreifen. Das Kind lernt dabei, die kleinen Zeichen der Bereitschaft von Seiten des Ponys zu erkennen und zu berücksichtigen.

Abschluss der Stunde

Kleine Theorie: Woran kannst du erkennen, ob das Pferd krank oder gesund ist?

Antwort: Das gesunde Pferd steht ruhig und zufrieden in der Box. Es ist an allem, was rundum geschieht, interessiert. Es freut sich auf das Futter und frisst seine Portion auch auf. Ein krankes Pferd ist entweder unruhig, wälzt sich, weil es Schmerzen hat, oder steht teilnahmslos in der Box. Es zeigt kaum Interesse am Futter und frisst nicht auf.

Pferde versorgen; Geräte, Sättel und Trensen aufräumen.

Schwerpunkt:

Das selbstständige Reiten und Lenken eines Großpferdes auf einem vorgegebenen Weg (10. Unterrichtseinheit)

Unterrichtsziel

Den Umgang mit dem Großpferd in einer neuen Situation erleben. Es handelt sich um die Anwendung dessen, was auf dem Pony bereits mehrfach geübt wurde.

Zusatzaufgabe für die geschickten Kinder: entfällt

Zusatzangebot für die übrigen Kinder: entfällt

Unterrichtszeit: ca. 60 Minuten

Zielgruppe: sechs- bis neunjährige Kinder mit einfachen Grundkenntnissen

Gruppenstärke: etwa 6 bis 8 Kinder

Vorbereitungen

Eltern bringen Kuchen und Getränke für eine kleine Abschlussfeier mit.

Hindernisständer für die Wegemarkierung

1 Großpferd gesattelt und ausgebunden, vorbereitet für die Arbeit an der Longe

1 lange, dünne Sicherungsleine

1 Cavaletti auf dem Zirkel

Unterrichtsgestaltung

Aufwärmphase: entfällt

Stundenschwerpunkt

Die Eltern sind zur letzten Unterrichtsstunde eingeladen. Sie sollen erleben, welche Fortschritte ihre Kinder gemacht haben. Deshalb wird in der ersten Hälfte der Stunde an der Longe gearbeitet. Die Kinder zeigen Leichttraben, Angaloppieren und den

Entlastungssitz mit einem Sprung über ein Cavaletti.

Im zweiten Teil dieser Stunde lenken sie zum ersten Mal ein Großpferd, das allerdings noch gesichert ist, selbstständig in Bögen und Wendungen auf einer vorgegebenen Wegstrecke.

Alle Kinder kommen an die Reihe.

Abschluß der Stunde

Kleine Theorie: entfällt

Versorgen des Pferdes; Geräte, Sattelzeug und Trense wegräumen. Gemeinsame kleine Feier mit Kuchen und Getränken.

Reiten – ein Weg, der immer weiterführt

Der 2. Teil des Reitkurses ist nun abgeschlossen. Das Wissen rund um das Pferd und auch die reitpraktische Erfahrung haben sich um viele Bereiche erweitert. Der Weg zum Kleinen Hufeisen ist jetzt nicht mehr weit. Noch einige Stunden intensiver Arbeit an praktischen und theoretischen reiterlichen Grundlagen sind notwendig, bis das Niveau des Kleinen Hufeisens erreicht ist. Das Mindestalter für die Teilnahme an der Prüfung liegt bei 7 Jahren. Es wird vorausgesetzt, dass Kraft und Größe des Kindes ausreichen, um auf ein Pferd entsprechend einwirken zu können.

Reitkurs Teil 3

Das kleine Hufeisen

Das Kleine Hufeisen dokumentiert den

Abschluss der ersten Ausbildungsstufe des

Reiters und soll dazu anspornen, auf diesem

Weg weiterzugehen.

Galopp im Schnee.

DAS KLEINE HUFEISEN

Zweck des Kleinen Hufeisens

Dem Inhaber wird durch eine Urkunde und ein Abzeichen ein bestimmtes Maß an Können und Wissen im Umgang mit Pferden bestätigt.

DIE PRÜFUNG

Die Prüfung für das Kleine Hufeisen umfasst folgende Bereiche:

Umgang mit dem Pferd

▬ Führen, Anbinden, Passieren anderer Pferde, Wenden auf der Stallgasse.
▬ Pferdepflege: z. B. Putzen mit Striegel und Kardätsche, Huf- und Schweifpflege, Versorgen des Pferdes/Ponys nach der Arbeit.

Reiten

▬ Zäumen und Satteln: Kenntnisse im Anpassen und Anlegen von Trense und Sattel, Verschnallen der Bügel.
▬ Reiten: Auf- und Absitzen, Nachgurten, Abteilungsreiten, Bahndisziplin, ggf. Reiten über Cavaletti, um Tonnen oder Ständer.

Theorie

▬ Putzen, Zäumen, Satteln: Bezeichnung der wichtigsten Putz- und Ausrüstungsgegenstände, Lederpflege.
▬ Reitlehre: Grundkenntnisse über Sitz und Hilfen, Hufschlagfiguren.
▬ Grundkenntnisse auf dem Gebiet der Pferdehaltung, Fütterung, des Tierschutzes und der Unfallverhütung.

Nach bestandener Prüfung wird das Kleine Hufeisen in Form eines Stoffabzeichens und einer Urkunde überreicht.

Praktischer Teil

Schwerpunkt:
Einfache Hufschlagfiguren im Schritt und Leichttraben, erste Erfahrungen im Abteilungsreiten (1. Unterrichtseinheit)

Unterrichtsziel
Einführung in das Abteilungsreiten, Üben einfacher Hufschlagfiguren und Kennenlernen von Bahnpunkten.
Unterrichtszeit: ca. 45 Minuten
Reiten/ 15 Minuten Theorie
Zielgruppe: Kinder ab 7 Jahren

Gruppenstärke: etwa 6 Kinder
Unterrichtsort: Halle

Vorbereitungen
1 Großpferd gesattelt und ausgebunden
2 Ponys gesattelt und ausgebunden
3 Führstricke

Unterrichtsgestaltung
Die Pferde werden von den Kindern in die Halle geführt und nehmen in der Mitte Aufstellung. Die Ausbilderin erklärt die Bahnpunkte eines 20-¥-40-m-Vierecks. Die Gruppe wird geteilt. 3 Kinder reiten und 3 Kinder führen die Pferde im Schritt am Führstrick nach Anweisung der Ausbilderin. Dabei lernen sie einfache Bahnfiguren kennen: z. B. „durch die ganze Bahn wechseln"; „durch die Länge der Bahn wechseln", „auf dem Zirkel geritten" und „aus dem Zirkel wechseln". Die Kinder werden darauf hingewiesen, dass sie aus Sicherheitsgründen 1 bis 2 Pferdelängen Abstand zum Vorderpferd einhalten müssen. Anschließend kann versucht werden, das Abteilungsreiten im Leichttraben zu üben. Nach 20 Minuten wird gewechselt.

Abschluss der Stunde
Die Pferde versorgen.

Dieser Junge ist darauf konzentriert, sein Pony zu satteln; dabei merkt er nicht, dass die Zügel frei und unkontrolliert auf dem Hals des Ponys liegen. Das Pony senkt den Kopf und die Zügel rutschen nach vorn. Nur ein Schritt vorwärts, dann tritt das Pony auf den hängenden Zügel. Dabei kann es sich schwer im Maul verletzen. Diese Gefahr wird vermieden, wenn der Reiter den Zügel in der linken Armbeuge hält.

sen und Satteln des Pferdes. Alle Schnallen müssen sicher geschlossen und der Sattelgurt nachgezogen werden. Die Sturzfeder darf den Bügelriemen im Falle eines Sturzes nicht einklemmen. Bei Gebrauch eines Martingals ist nur das gleitende Ringmartingal mit Martingalringen zu verwenden.

▬▬ Durch korrektes Führen und Anbinden. Beim Führen nie die Zügel oder den Strick um die Hand wickeln, das Pferd nicht zu kurz, etwa in Maulhöhe an einem Führstrick, nie an den Trensenzügeln anbinden.

▬▬ Das Pferd und seine Reaktionen immer beobachten.

Schwerpunkt:
Reiten in der Abteilung, Üben der Hufschlagfiguren, Übergänge vom Trab zum Schritt und umgekehrt (2. Unterrichtseinheit)

Unterrichtsziel
Sicherheit gewinnen beim Reiten in der Abteilung; Konzentration auf das Einhalten der Abstände. Bei den Übergängen vom Trab zum Schritt sollen die Kinder durch Annehmen und Nachgeben der Zügel das Gefühl für „halbe Paraden" entwickeln. Beim Leichttraben wird das Traben auf dem „richtigen Hinterfuß" angesprochen.

Unterrichtszeit: ca. 40 Minuten

Theorie:

▬▬ Wie kannst du die Unfallgefahr beim Reiten und im Umgang mit dem Pferd verringern?
Antwort:
▬▬ Durch eine vorschriftsmäßige Reitkleidung. Sie besteht aus einer splittersicheren, stoß-

dämpfenden Reitkappe, die eine Dreipunktbefestigung für den Kinnriemen hat, und richtigen Reitstiefeln, die auch aus Gummi sein können. Schuhe ohne Absatz sind gefährlich, weil der Fuß durch den Bügel rutschen und darin hängen bleiben kann.

▬▬ Durch das richtige Auftren-

Reitplatz 20 x 40 m   Reitplatz 20 x 60 m

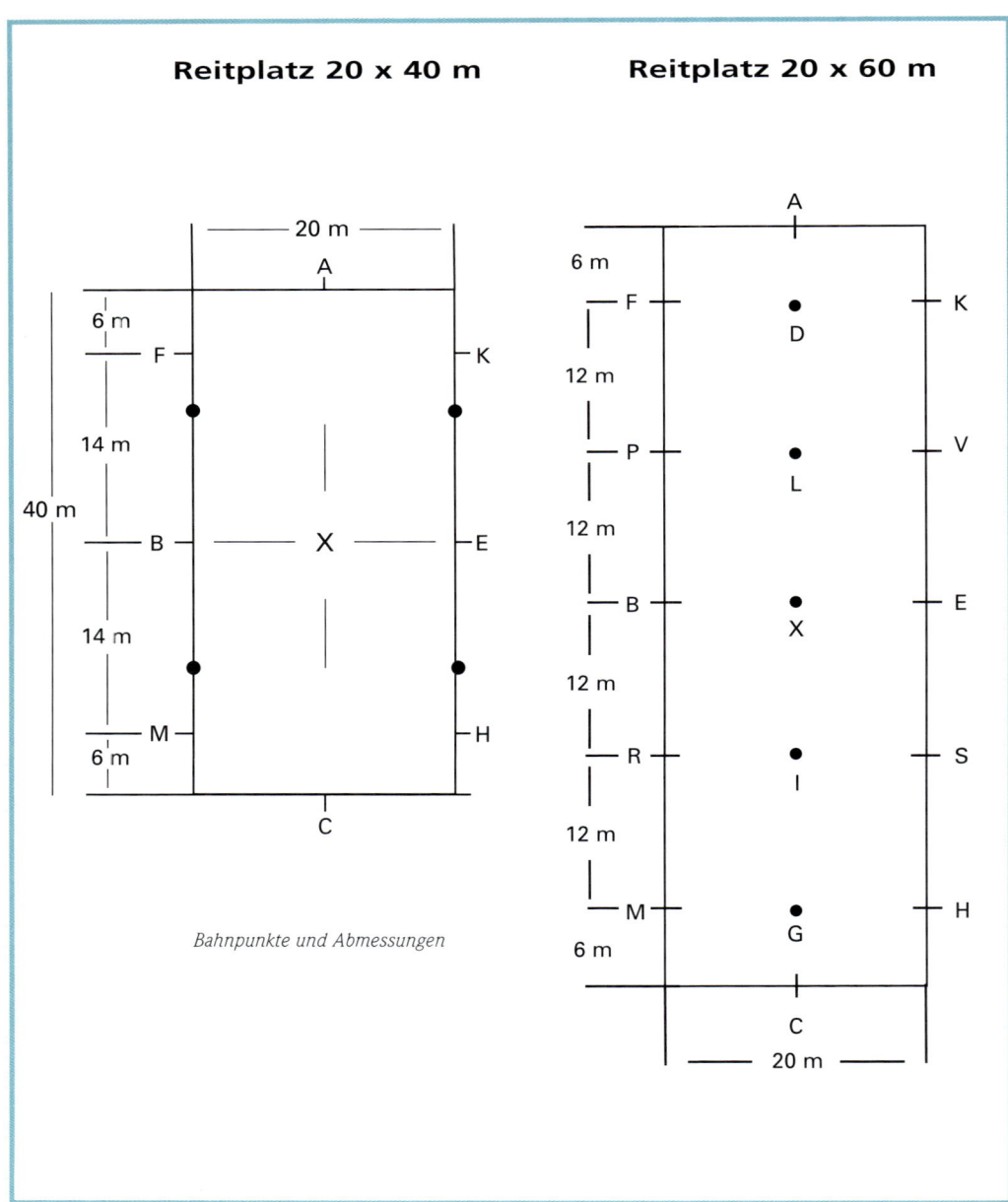

Bahnpunkte und Abmessungen

Reiten/ 20 Minuten Theorie
Zielgruppe: Kinder ab 7 Jahren
Gruppenstärke: 6 Kinder
Unterrichtsort: Halle

Vorbereitungen

1 Großpferd gesattelt und
ausgebunden
2 Ponys gesattelt und ausgebunden
Diese Anzahl von Pferden stellt das
Minimum dar. Es wäre wünschenswert, wenn möglichst viele Kinder
der Gruppe ein Pferd zur Verfügung
hätten.

Unterrichtsgestaltung

In dieser Anfangsphase sollte der
erste Reiter in der Ausbildung
so weit fortgeschritten sein, dass
eine sichere Führung der Abteilung gewährleistet ist. Ein reiterlich fortgeschrittenes Kind wäre
geeignet. Andernfalls übernimmt
das reiterlich sicherste Kind der
Gruppe diese Aufgabe.

Die Kinder führen die Pferde in die
Halle, nehmen in der Hallenmitte
auf einer Linie nebeneinander mit
genügend Sicherheitsabstand Aufstellung. Nach dem Aufsitzen reiten
sie an und gehen auf die linke
Hand. Die Ausbilderin bestimmt
nun die Reihenfolge in der Abteilung und achtet auf die Abstände.
Der schwächste Reiter sollte möglichst den letzten Platz einnehmen,
weil er dort die anderen am wenig-
sten stört und die Ausbilderin bei
Problemen besser eingreifen kann.

Zunächst werden die Hufschlagfiguren im Schritt wiederholt. Das
bietet eine gute Gelegenheit, Sitz
und Haltung zu korrigieren. Dann
beginnt das Leichttraben. Kinder,
die nicht auf dem „richtigen
Hinterbein" traben, werden aufgefordert, einmal auszusitzen, bis sie
den „richtigen Hinterfuß" treffen.
Im Augenblick beschränkt sich die
Erklärung darauf, immer dann in
den Sattel einzusitzen, wenn die
äußere Pferdeschulter zurückgeht.
Die Trabphase darf nicht zu lange

ausgedehnt werden. Es strengt
Kinder sehr an, auf vieles gleichzeitig zu achten. Eingeschobene
Schrittphasen dienen der Erholung
und können für kleine Lockerungsübungen genutzt werden (Arme
kreisen, linke Hand berührt das
rechte Fußgelenk, rechte Hand das
linke usw.). Das ist nur möglich,
wenn die Pferde ruhig und gelassen
gehen. Bei den Übergängen vom
Trab zum Schritt sollen die Kinder
mehrmals die Zügel etwas fester
annehmen und wieder nachgeben.

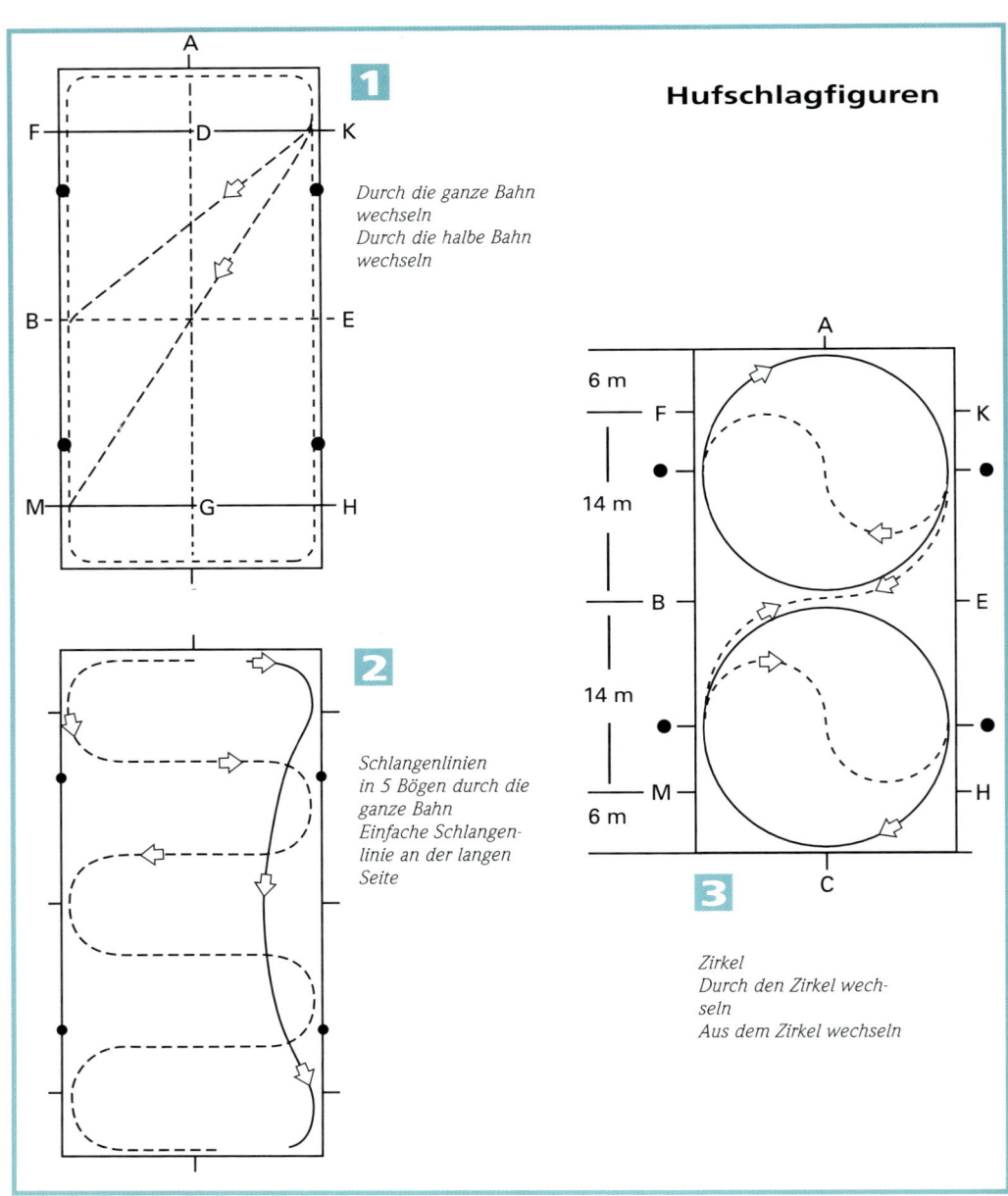

Hufschlagfiguren

1

Durch die ganze Bahn
wechseln
Durch die halbe Bahn
wechseln

2

Schlangenlinien
in 5 Bögen durch die
ganze Bahn
Einfache Schlangen-
linie an der langen
Seite

3

Zirkel
Durch den Zirkel wech-
seln
Aus dem Zirkel wechseln

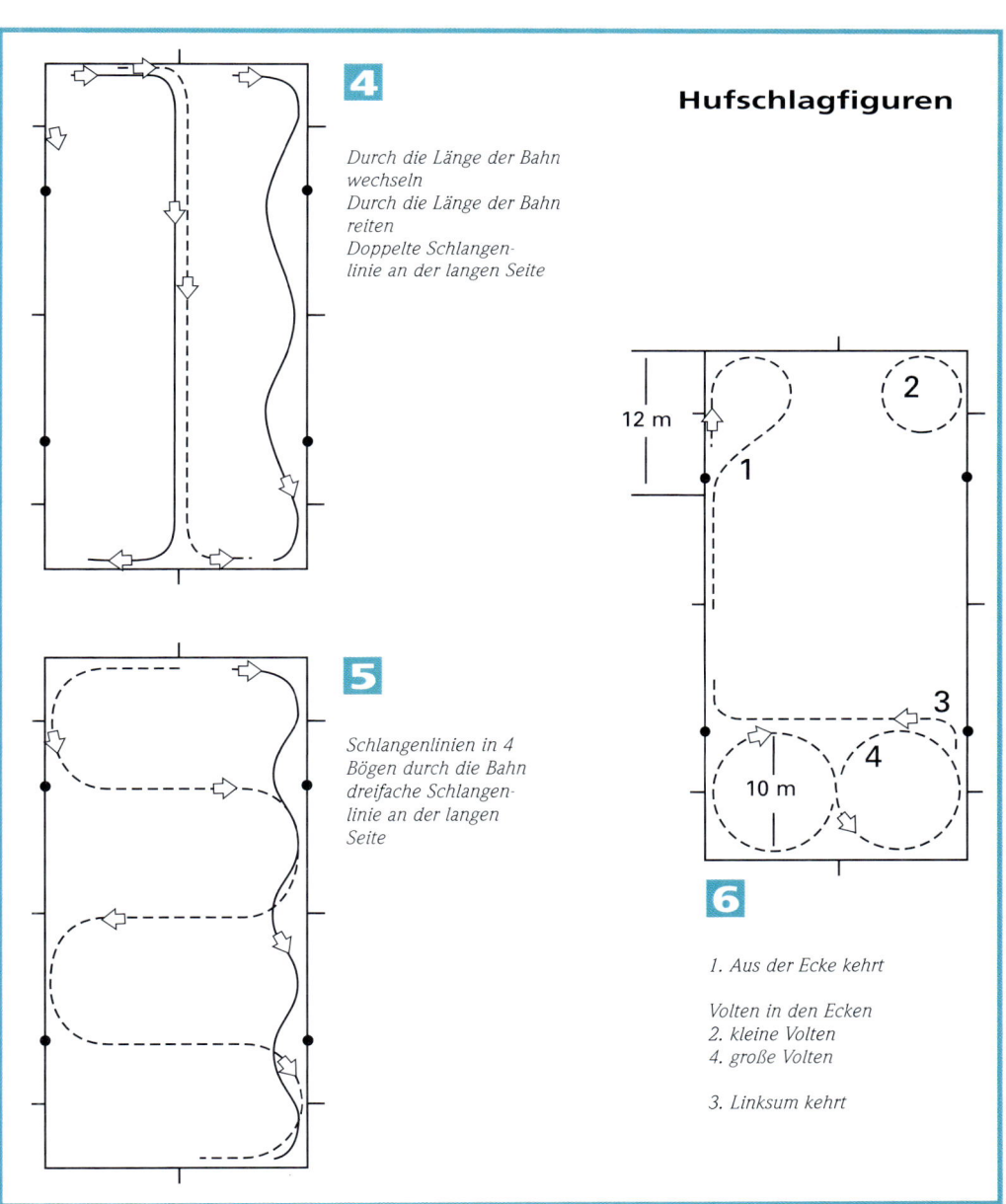

4

*Durch die Länge der Bahn
wechseln
Durch die Länge der Bahn
reiten
Doppelte Schlangen-
linie an der langen Seite*

Hufschlagfiguren

12 m

2

1

3

10 m

4

5

*Schlangenlinien in 4
Bögen durch die Bahn
dreifache Schlangen-
linie an der langen
Seite*

6

1. Aus der Ecke kehrt

*Volten in den Ecken
2. kleine Volten
4. große Volten*

3. Linksum kehrt

Diese „halben Paraden" sind den Pferden bekannt und führen zum Schritt. Durch häufige Übergänge werden „halbe Paraden" geübt. Wenn einzelne Kinder kein Pferd haben, sollte nach entsprechender Zeit gewechselt werden.

Abschluss der Stunde
Die Pferde versorgen.

Theorie

Frage:
▬▬ Was heißt Tierschutz?
▬▬ Welche Bedeutung hat das Tierschutzgesetz für den Umgang mit Pferden?
Antwort:
▬▬ Auf der Grundlage des Tierschutzgesetzes kann jeder bestraft werden, der einem Tier ohne Grund Schaden und Schmerzen zufügt.
▬▬ Wer ein Tier hält, muss für Nahrung, Pflege und Bewegung sorgen. Er muss Lebensbedingungen schaffen, die der Art des Tieres entsprechen.
▬▬ Pferde müssen regelmäßig mit Futter (Heu, Stroh, Kraft- und Saftfutter) und Wasser versorgt werden.
▬▬ Die Pferdebesitzer sind verpflichtet, dem Pferd ausreichend Bewegungsmöglichkeit zu geben, sei es auf einer Koppel oder durch regelmäßiges Reiten.
▬▬ Der Stall muss sauber und geräumig sein, damit sich das Pferd hinlegen und ausruhen kann.
▬▬ Bei Krankheit, muss der Tierarzt gerufen werden.
▬▬ Sattel und Trense müssen so angepasst werden, dass sie keine Verletzungen verursachen.
▬▬ Der Reiter darf nur solche Leistungen verlangen, die dem Ausbildungs- und Leistungsstand des Pferdes entsprechen.
▬▬ Besitzer und Reiter sind gemeinsam für die Gesundheit des Pferdes verantwortlich.

Schwerpunkt:
Reiten in der Abteilung; selbstständig angaloppieren und ein bis zwei Runden auf dem Zirkel galoppieren (3. Unterrichtseinheit)

Unterrichtsziel
Die Kinder sind jetzt schon in der Abteilung geritten und werden lernen, mit selbstständiger Hilfengebung das Pferd auf dem Zirkel anzugaloppieren.
Unterrichtszeit: 40 Minuten Reiten/ 20 Minuten Theorie
Zielgruppe: Kinder ab 7 Jahren
Gruppenstärke: 6 Kinder
Unterrichtsort: Halle

Vorbereitungen
Großpferde und/oder Ponys in ausreichender Zahl gesattelt und ausgebunden

Unterrichtsgestaltung
Die Kinder führen die Pferde in die Halle, nehmen in der Hallenmitte auf einer Linie nebeneinander mit genügend Sicherheitsabstand Aufstellung. Nach dem Aufsitzen reiten sie an und bilden auf der linken oder rechten Hand eine Abteilung. Die Kinder reiten die ersten Minuten im Schritt und Trab wechselnde Hufschlagfiguren. Wenn in der Abteilung Ruhe eingekehrt ist und die Pferde gelöst gehen, wird erst zum Schritt, dann zum Halten durchpariert, der Sattelgurt kontrolliert und ggf. nachgegurtet. Die Ausbilderin wiederholt mit der Gruppe die einzelnen Schritte der Hilfengebung beim Angaloppieren. Dann muss es jeder selbst versuchen. Die Kinder werden jetzt einzeln aus der Abteilung heraus auf den zweiten Hufschlag geschickt und aufgefordert, auf dem Zirkel anzugaloppieren. Es empfiehlt sich, dazu die geschlossene Seite zu nutzen, um die Pferde daran zu hindern, auszubrechen. Es kann in diesem Zusammenhang erklärt werden, dass Pferde auf einer gebogenen Linie leichter in den Galopp zu bringen sind als auf einer Geraden. Hier besteht die Gefahr, dass das Pferd in einen heftigen Trab fällt, der dem Kind die Hilfengebung erschwert. In dieser Situation ist es voll damit beschäftigt, sich auf dem Pferd zu halten. Gelingt das Angaloppieren nicht, muss zum Schritt

durchpariert werden. Das Kind braucht nun etwas Zeit, seinen Sitz zu ordnen und sich auf die erneute Hilfengebung zu konzentrieren. Die Ausbilderin kann jetzt erklären, warum die Übung nicht gelang und den nächsten Versuch starten.

Alle Kinder sollten wenigstens zweimal die Gelegenheit zum Angaloppieren bekommen. Gelingt es allen Kindern, selbstständig anzugaloppieren und ihr Pferd ein bis zwei Runden auf dem Zirkel im Galopp zu halten, ist die Stunde erfolgreich beendet.

Abschluss der Stunde
Die Pferde versorgen.

Theorie:

Frage:
▬▬ Welche „Hilfen" kennst du?
▬▬ Wie wirken Hilfen?
Antwort:
▬▬ Wir unterscheiden zwischen den treibenden Hilfen, bei denen die Schenkel des Reiters auf das Pferd einwirken,
▬▬ und den annehmenden und nachgebenden Hilfen, bei denen über die Hand des Reiters und die Zügel die Verbindung zum Pferdemaul hergestellt wird.
▬▬ Der annehmenden Zügelhilfe muss eine nachgebende folgen, sobald das Pferd reagiert, indem es das Tempo verkürzt oder in eine niedrigere Gangart durch-

pariert. Man nennt das halbe Paraden.
▬▬ Bei einer durchhaltenden Zügelhilfe, einer ganzen Parade, kommt das Pferd zum Stehen.

▬▬ Außerdem gibt es noch die Gewichtshilfen, die z.B. beim Angaloppieren gleichzeitig mit den treibenden Schenkeln eingesetzt werden.

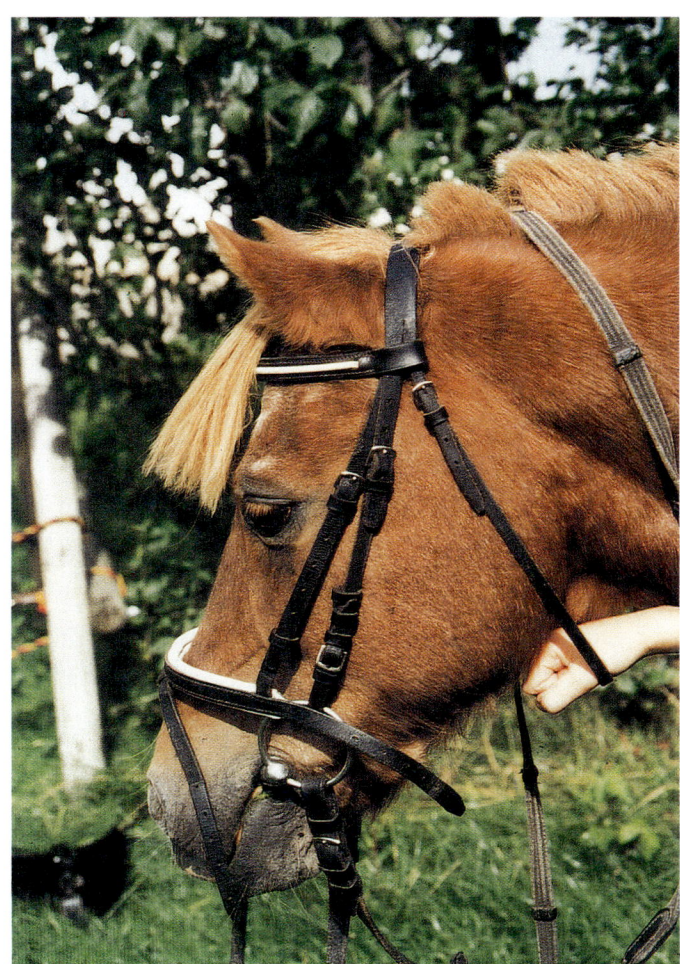

Der Kehlriemen darf nie zu eng verschnallt sein. Es muss soviel Luft bleiben, dass eine geschlossene Faust noch Platz findet.

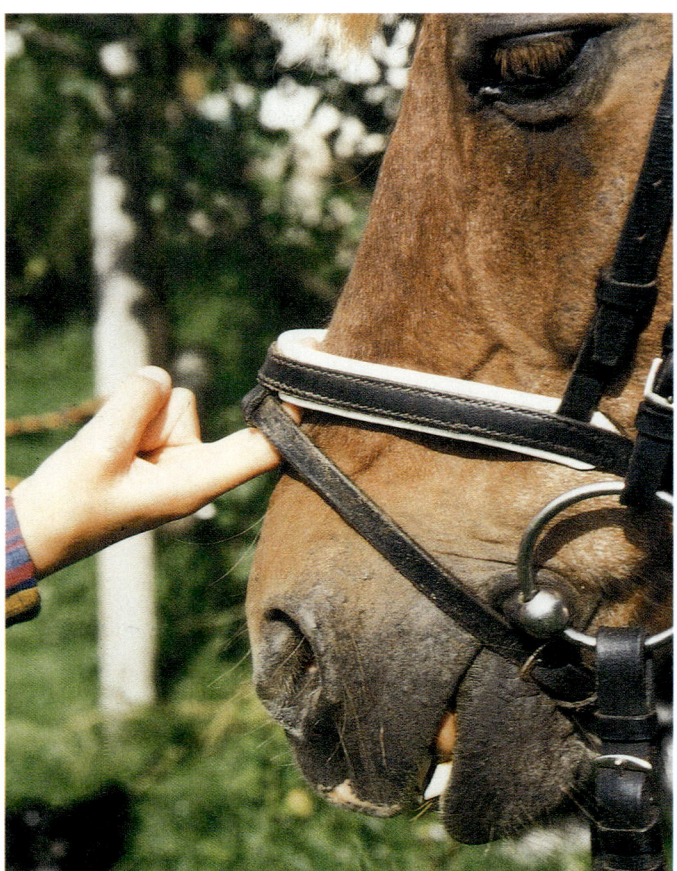

Beim Schließen des Reithalfters und des Pullriemens muss noch soviel Luft bleiben, dass zwei Finger dazwischen passen. Leider sieht man in der Praxis häufig zu eng verschnallte Reithalfter.

Schwerpunkt:
Üben des Leichttrabens auf dem „richtigen Hinterfuß"; Traben über Cavaletti (4. Unterrichtseinheit)
Unterrichtsziel

Die Kinder sind inzwischen mit der Bewegung des Leichttrabens vertraut und wissen, wie sie auf dem „richtigen Hinterfuß" traben. Darauf sollen sie jetzt selbst achten und beim Handwechsel entsprechend umsitzen. Beim Reiten über 3 ausgelegte Cavaletti zeigt sich, wie weit die Bewegungssicherheit im Leichttraben fortgeschritten ist.

Unterrichtszeit: 40 Minuten Reiten/ 20 Minuten Theorie
Zielgruppe: Kinder ab 7 Jahren
Gruppenstärke: 6 Kinder
Unterrichtsort: Halle

Vorbereitungen
Großpferde und/oder Ponys in möglichst ausreichender Zahl, gesattelt und ausgebunden
3 Cavaletti auf dem zweiten Hufschlag (mittleres bei Bahnpunkt B) parallel zur kurzen Seite für Großpferde in einem Abstand von 120 bis 140 cm; 3 Cavaletti auf dem zweiten Hufschlag (mittleres bei Bahnpunkt E) parallel zur kurzen Seite für die Ponys in einem Abstand von 90 bis 120 cm je nach Trittlänge des Ponys

Frage:

█████ Welche Vorteile hat das Leichttraben?

Antwort:

█████ Leichttraben ist vor allem auf längeren Ritten im Gelände eine Erleichterung für das Pferd.

█████ Am Anfang der Reitstunde wird das Pferd im Leichttraben bewegt und gelöst.

█████ Junge Pferde, deren Rückenmuskulatur noch wenig trainiert ist, werden im Leichttraben vorsichtig an die Belastung gewöhnt.

Unterrichtsgestaltung

Die Kinder führen die Pferde in die Halle, nehmen in der Mitte auf einer Linie mit genügend Abstand voneinander Aufstellung und sitzen auf. Die Ausbilderin stellt die Reihenfolge der Abteilung her und lässt die Kinder anreiten. Die ersten Runden im Schritt bieten eine Gelegenheit, die Aufmerksamkeit der Kinder auf den Sitz zu lenken. Bei der ruhigen Bewegung im Schritt können sie sich gut auf die Schenkellage, die Handhaltung bei der Zügelführung und die gleichmäßige Belastung beider Gesäßhälften konzentrieren. Es wird zum Halten durchpariert, um den Sattelgurt zu kontrollieren und ggf. nachzugurten. Die Ausbilderin lässt nun einige Hufschlagfiguren im Leichttraben und auch im Aussitzen reiten. Wenn die Pferde in der Abteilung ruhig und gelöst gehen, können Einzelaufgaben geritten werden. Die Abteilung pariert zum Schritt durch und bleibt auf dem ersten Hufschlag. Ein Kind nach dem anderen wird aufgerufen und reitet nach Anweisung der Ausbilderin im Leichttraben auf den zweiten Hufschlag über die Cavaletti. Danach schließt es sich hinten an die Abteilung an. Die Ausbilderin muss im Ablauf darauf achten, dass die Pferde über die passenden Cavaletti gehen. Beim ersten Mal dürfen sich die Kinder auf dem Mähnenkamm abstützen,

sollten aber bei den folgenden Durchgängen die Bewegung ausbalancieren. Nach dieser Übungsphase werden die Cavaletti beiseite geräumt und zum Abschluss der Stunde das Angaloppieren auf dem Zirkel wiederholt.

Abschluss der Stunde
Versorgen der Pferde.

Theorie:

■■■■ Weshalb ist Pferdepflege wichtig?
■■■■ Was müssen wir dabei tun?
■■■■ Welches Handwerkszeug ist dafür notwendig?

Antwort:
■■■■ Pferde, die in Freiheit leben, wälzen sich im Gras, scheuern sich an Bäumen und sorgen auf diese Weise selber für ein sauberes Fell. Bei der Stallhaltung haben sie diese Möglichkeiten nicht, und deshalb müssen die Menschen für die Pflege sorgen. Wenn das Pferd geschwitzt hat, ist es nach dem Trocknen verklebt und verkrustet. Das ist dem Pferd unangenehm. Der eingetrocknete Schweiß juckt und reizt die Haut. Wenn wir ein Pferd putzen, sehen wir Verletzungen und Scheuerstellen, die uns sonst vielleicht verborgen blieben. Beim Auskratzen der Hufe entfernen wir Steine oder andere Fremdkörper, die sonst zu Lahmheiten führen. Dabei sehen wir, ob feuchte,

Dieses Kind zeigt in dieser Phase der Trabbewegung über die Stangen noch kein sicheres Gleichgewicht. Der Unterschenkel ist zu weit nach vorne gerutscht, und die Balance stabilisiert sich über eine zu feste Anlehnung.

schmierige Strahlfurchen eine beginnende Strahlfäule anzeigen, die dann behandelt werden muss. Außerdem freut sich das Pferd, wenn wir uns mit ihm beschäftigen, weil es sehr lange Zeit im Stall alleine ist. Ein Pferd zu pflegen ist eine wunderbare Gelegenheit, es gut kennen zu lernen und Vertrauen aufzubauen.

▬ Das Pferd soll nicht in seiner Box, sondern in der Stallgasse oder noch besser im Freien geputzt werden. Zuerst wird das Fell mit dem Striegel aufgeraut und der Schmutz dabei gelockert. Dabei müssen wir im Bereich der Knochen und Gelenke vorsichtig arbeiten. Mit

Bis hierher ist alles gut gelungen ...

werden. Sie werden einzeln mit der Hand verlesen, d.h., die verklebten Haare werden voneinander getrennt. Gut ist es, das Langhaar im Sommer häufiger mit einem milden Shampoo zu waschen.

■■■ Die Hufe werden mit einem Hufkratzer, der vorne nicht spitz und scharf sein darf, vor und nach dem Reiten ausgekratzt, um aggressiven Schmutz oder Fremdkörper zu entfernen. Zwei- bis dreimal pro Woche braucht der ganze Huf eine Behandlung mit einem guten Huffett. Mit einem Pinsel wird das Huffett auf dem ganzen Huf, einschließlich Kronsaum, verteilt. Das regt das Hornwachstum an und schützt den Huf vor dem Austrocknen.

Schwerpunkt:
Den Ablauf des praktischen Prüfungsteils „Reiten" mit den Kindern besprechen und üben, Wiederholung des Entlastungssitzes (5. Unterrichtseinheit)

Unterrichtsziel
Generalprobe für die Prüfung.
Die Ausbilderin hat das reiterliche Programm für den Prüfungstag entworfen und übt den Ablauf mit den Kindern. Dabei wird sie die Stärken der einzelnen Reiter ihrer Gruppe herausstellen und den Kindern das Gefühl vermitteln, den Prüfungs-

einer Bürste, der Kardätsche, wird der Staub herausgebürstet. Auf diese Weise wird das Fell am ganzen Körper des Pferdes gereinigt.

■■■ Nüstern, Augen und After werden jeweils mit einem gesonderten feuchten Schwamm gereinigt. Schweif und Mähne dürfen nicht gebürstet werden, weil sonst die Gefahr besteht, dass dabei die Haare herausgezogen

anforderungen gewachsen zu sein. Galopp im Entlastungssitz z. B., vielleicht sogar mit einem Sprung über ein hoch gestelltes Cavaletti, kann einem Kind das nötige reiterliche Selbstvertrauen für die Prüfungssituation geben.

Unterrichtszeit: 40 Minuten Reiten/ 20 Minuten Theorie
Zielgruppe: Kinder ab 7 Jahren
Gruppenstärke: 6 Kinder
Unterrichtsort: Halle

Vorbereitungen

Die Pferde, die für die Prüfung vorgesehen sind, auftrensen, satteln und ausbinden.

Unterrichtsgestaltung

Die Kinder führen die Pferde in die Hallenmitte und stellen sie vorschriftsmäßig in einer Linie auf. Das sollte bei der „Generalprobe" gut klappen. Nach dem Aufsitzen wird die Abteilung für den Prüfungstag zusammengestellt. Dann übt die Ausbilderin das Programm, das den Prüfern vorgeführt werden soll. In dieser Stunde ist es ratsam, den Entlastungssitz im Galopp noch einmal zu üben. Dazu werden die Bügel zwei Loch kürzer geschnallt. Vielleicht wollen die Kinder noch einen Sprung über ein hoch gestelltes Cavaletti machen. Dann müssen vorher die Ausbinder herausgeschnallt werden. Wichtig ist, die kleinen Reiter in dieser letzten Stunde vor der

Prüfung zu ermutigen und die Übungen so zu gestalten, dass sie mit Optimismus und Zuversicht in die Prüfung gehen.

Abschluss der Stunde

Die Pferde versorgen.

Theorie:

In dieser Stunde werden alle Themen der vorangegangenen Stunden noch einmal kurz behandelt. Die Kinder können Fragen stellen. Auch organisatorische Punkte müssen besprochen werden:

Kleidung

Das Bild der Gruppe sollte einheitlich sein. Es kann kaum vorausgesetzt werden, dass alle Prüflinge in einem Turnierjacket auftreten. Je nach Witterungsverhältnissen geben weiße Blusen oder einheitliche Pullis ein gutes Erscheinungsbild. Als Reithosen genügen im Notfall auch dunkelblaue Jeans. Unverzichtbar sind jedoch Reitstiefel, seien sie aus Gummi oder Leder, geborgte oder eigene, und eine Reitkappe, die den Sicherheitsnormen entspricht. Sporen sind natürlich nicht erlaubt.

Trensen und Sättel

Rechtzeitig vor der Prüfung werden in der Gruppe Trensen und Sättel geputzt.

Pferde

Es versteht sich von selbst, dass zur Prüfung die Pferde besonders gut gepflegt und sauber sind. Am Abend vorher werden die Mähnen eingeflochten und, wenn es das Wetter ermöglicht, die Schweife gewaschen.

Bewirtung

Die Kinder sollten ihre Eltern bitten, für Kuchen und Getränke zu sorgen, damit das Ereignis hinterher auch gebührend gefeiert werden kann.

Zeitplan

Mindestens 1 Stunde vor dem Prüfungsbeginn trifft sich die Gruppe auf dem Reitgelände, um die Pferde in Ruhe vorzubereiten und die letzten Handgriffe zu erledigen.

Der Prüfungstag

Endlich ist der lang ersehnte Prüfungstag für das Kleine Hufeisen gekommen, und jedes einzelne Kind kann zeigen, dass eine solide Grundlage für die reiterliche Fortbildung und Weiterentwicklung auf dem Rücken des Pferdes geschaffen wurde.

Reiten – ein Weg...

...der in viele

Richtungen führt

Der Prüfungstag für das
kleine Hufeisen gab jedem
Kind die Möglichkeit zu zeigen, dass bei ihm eine solide
reiterliche Grundlage aufge
baut worden ist und die
Voraussetzung für eine
weitere Entwicklung auf
dem Rücken des Pferdes
vorhanden ist.

*Kleine Pausen auf einem größeren Ritt sind willkommene
Gelegenheiten, das Sattelzeug noch einmal zu überprüfen.*

Reiten, ein Weg, der in viele Richtungen führt

Von dieser Basis aus kann die reiterliche Entwicklung viele Wege einschlagen. Es kommt dabei ganz darauf an, welche Wünsche, Träume und Ziele dabei im Vordergrund stehen. Ist es die Suche nach einem Gefühl der Freiheit und auch Waghalsigkeit bei einem frischen Galopp durch den Schnee? Ist die Freude, zu zweit über blühende Frühlingswiesen zu traben? Ist es der Wunsch, in der Gemeinschaft einer Gruppe bei einem größeren Ausritt mitzumachen? Ist es das Bedürfnis nach Ruhe und Gemeinsamkeit mit dem Pferd bei einer erfrischenden Abkühlung im See? Vielleicht aber ist der reiterliche Wettkampf, das gezielte Training, das sich Messen mit den anderen in den unterschiedlichen Disziplinen der sportlichen Reiterei, das Ziel.

Reiten bietet viele Möglichkeiten, Freizeit und Interessen gemeinsam mit dem Pferd zu gestalten.

Dieses Buch sollte dazu beitragen, den Weg für gemeinsame Unternehmungen mit dem Pferd fachlich zu sichern und den Reichtum, die vielen Möglichkeiten aufzuzeigen, die der Umgang mit dem Pferd dem einzelnen bereits in der frühen Kindheit geben kann.

Mit einem so sicher ausbalancierten Sitz macht der Galopp Freude.

Diese Abkühlung ist eine Wohltat für die Pferdebeine.

Grundsatz Eins

Wer auch immer sich mit dem Pferd beschäftigt, übernimmt die Verantwortung für das ihm anvertraute Lebewesen.

Grundsatz Zwei

Die Haltung des Pferdes muß seinen natürlichen Bedürfnissen angepaßt sein.

Grundsatz Drei

Der physischen wie psychischen Gesundheit des Pferdes ist unabhängig von seiner Nutzung oberste Bedeutung einzuräumen.

Grundsatz Vier

Der Mensch hat jedes Pferd gleich zu achten, unabhängig von dessen Rasse, Alter und Geschlecht sowie Einsatz in Zucht, Freizeit oder Sport.

Grundsatz Fünf

Das Wissen um die Geschichte des Pferdes, um seine Bedürfnisse, sowie die Kenntnisse im Umgang mit dem Pferd sind kulturgeschichtliche Güter. Diese gilt es zu wahren und zu vermitteln und nachfolgenden Generationen zu übermitteln.

Grundsatz Sieben

Der Mensch, der gemeinsam mit dem Pferd Sport betreibt, hat sich und das ihm anvertraute Pferd einer Ausbildung zu unterziehen. Ziel jeder Ausbildung ist die größtmögliche Harmonie zwischen Pferd und Mensch.

Grundsatz Sechs

Der Umgang mit dem Pferd hat eine persönlichkeitsprägende Bedeutung gerade für junge Menschen. Diese Bedeutung ist stets zu beachten und zu fördern.

Grundsatz Acht

Die Nutzung des Pferdes im Reit-, Fahr- und Voltigiersport muß sich an seiner Veranlagung, seinem Leistungsvermögen und seiner Leistungsbereitschaft orientieren. Die Beeinflussung des Leistungsvermögens durch medikamentöse sowie nicht pferdegerechte Einwirkung des Menschen ist abzulehnen und muß geahndet werden.

Grundsatz Neun

Die Verantwortung des Menschen für das ihm anvertraute Pferd erstreckt sich auch auf das Lebensende des Pferdes. Dieser Verantwortung muß der Mensch stets im Sinne des Pferdes gerecht werden.

Herausgeber:

„Die ethischen Grundsätze des Pferdefreundes" wurden 1995 von der Deutschen Reiterlichen Vereinigung (FN) erarbeitet und vom Verbandsrat verabschiedet.

Richtig reiten von Anfang an

BLV Pferdepraxis
Marina Wieland
Reiten lernen ohne Stress
Reitunterricht, der wirklich Spaß macht: Erlernen eines lockeren Sitzes in Übereinstimmung mit den Bewegungen des Pferdes, effektive und logische Hilfengebung, sinnvolles Training.

BLV Pferdepraxis
Kerstin Diacont
Die Reiterhilfen für Anfänger
Die harmonische Verständigung mit dem Pferd: Grundkenntnisse für die Zusammenarbeit, theoretisches und praktisches Wissen über die Hilfengebung (Schenkel-, Gewichts- und Zügelhilfen) für alle Reitstile.

Selma Brandl
Harmonie im Sattel
Der richtige Umgang mit dem Pferd, seine artgerechte Haltung, die Ausbildung von Pferd und Reiter in allen Reitweisen; mit vielen Abbildungen, die die Faszination der Pferde und des Reitsports eindrucksvoll vermitteln.

BLV Sportpraxis Top
Selma Brandl / Marlene Baum
Richtig Reiten
Alles Wissenswerte – von der Ausrüstung für Pferd und Reiter über die erste Reitstunde bis zum Reiten im Gelände – komprimiert, kompetent und leicht verständlich vermittelt.

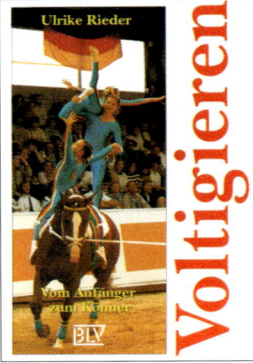

Ulrike Rieder
Voltigieren
Turnen auf dem galoppierenden Pferd – von Einzel-, Partner- und Gruppenübungen über das spielerische Voltigieren in Training und Freizeitsport bis zu allen neuen Pflicht- und Kürprogrammen (D- bis A-Leistungsklasse).

BLV Pferdepraxis
Martina Belzer
Der Traum vom eigenen Pferd
Voraussetzungen für ein eigenes Pferd, Entscheidungshilfen für oder gegen die Anschaffung, Grundwissen über Pferdekauf und Haltung, das Wichtigste über den richtigen Umgang.

Im BLV Verlag finden Sie Bücher zu den Themen: Garten und Zimmerpflanzen • Natur • Heimtiere • Jagd und Angeln • Pferde und Reiten • Sport und Fitness • Wandern und Alpinismus • Essen und Trinken

Ausführliche Informationen erhalten Sie bei:

**BLV Verlagsgesellschaft mbH • Postfach 40 03 20 • 80703 München
Tel. 089 / 127 05-0 • Fax 089 / 127 05-543 • http://www.blv.de**